投资核算与分析学徒岗位手册

艾洪娟　蔺建鑫　主编

中国农业大学出版社
·北京·

内 容 简 介

全书共由三部分构成：第一部分步入企业，包括企业投资环境分析、投资企业管理文化、投资企业人力资源开发与个人职业生涯发展、投资企业财务管理制度专题学习；第二部分认识岗位，由企业师傅进行岗前培训，包括认识学徒业务岗位、岗位工作技术要求、岗位业务能力要求和培养目标、制定学徒培养计划等；第三部分学徒工作学习任务，根据企业筹资、投资、营运资金管理、收益分配为主线设定工作任务，在师傅的指导下进行学徒工作实践。本书突出“互动性”和“实践性”，每个工作任务都设定任务目标与质量要求、学习产出目标，由企业师傅讲解工作程序与方法要求及业务知识，并总结每一次实践任务的经验，企业师傅对徒弟每一次的实践任务进行考核和评价，确保徒弟在实践中学会专业知识和技能，体现“教、学、做”合一的职教特色。

本书可作为高职高专院校会计类及其他经济类专业的学徒制教材，也可作为各类成人院校及企业职工的培训教材，还可作为在职工作人员提高投资核算知识与技能的自学用书。

图书在版编目（CIP）数据

投资核算与分析学徒岗位手册/艾洪娟，蔺建鑫主编. —北京：中国农业大学出版社，2020.1

ISBN 978-7-5655-2307-6

Ⅰ.①投… Ⅱ.①艾… ②蔺… Ⅲ.①投资管理-经济核算-岗位培训-教材②投资分析-岗位培训-教材 Ⅳ.①F830.593

中国版本图书馆 CIP 数据核字（2019）第 239609 号

书　名 投资核算与分析学徒岗位手册

作　者 艾洪娟　蔺建鑫　主编

策划编辑 康昊婷　　**责任编辑** 康昊婷　刘彦龙

封面设计 郑　川

出版发行 中国农业大学出版社

社　址 北京市海淀区圆明园西路 2 号　　**邮政编码** 100193

电　话 发行部 010-62733489，1190　　读者服务部 010-62732336

编辑部 010-62732617，2618　　出　版　部 010-62733440

网　址 http：//www. caupress. cn　　**E-mail** cbsszs@cau. edu. cn

经　销 新华书店

印　刷 涿州星河印刷有限公司

版　次 2020 年 9 月第 1 版　　2020 年 9 月第 1 次印刷

规　格 787mm×1092mm　16 开本　10.25 印张　200 千字

定　价 32.00 元

编写人员

主　编	艾洪娟	新疆农业职业技术学院
	蔺建鑫	海南金盘智能科技股份有限公司
副主编	万金梅	海南金盘智能科技股份有限公司
	陆红霞	新疆农业职业技术学院
	王冲冲	新疆农业职业技术学院
	李双双	新疆农业职业技术学院
	吴　洋	新疆农业职业技术学院
参　编	贾　燚	特变电工股份有限公司
	朱　丽	海南金盘智能科技股份有限公司
	程传灵	新疆农业职业技术学院
	任　婕	新疆维吾尔自治区教育厅考试院
	蔺建梅	乌鲁木齐市第十五中学
	毛德敏	新疆农业职业技术学院
	李　祺	新疆农业职业技术学院
	李雪阳	新疆农业职业技术学院

前　言

本书与企业专家共同构思设计，以校企合作单位为平台，以企业投资核算工作流程为主线，以项目投资、证券投资工作典型任务分析为基础，针对企业工作岗位对投资核算与分析人员对知识与能力的要求，结合会计行业职业资格标准，遵循高职学生的认识与学习规律，以实践能力培养为核心，构建企业师傅指导徒弟的教学实践体系。

全书共由三部分构成：第一部分企业入职培训；第二部分由企业师傅进行岗前培训；第三部分学徒工作学习任务，根据企业筹资、投资、营运资金管理、收益分配为主线设定工作任务，在师傅的指导下进行学徒工作实践。教材突出“互动性”和“实践性”，每个工作任务都设定任务目标与质量要求、学习产出目标，由企业师傅讲解工作程序与方法要求及业务知识，并总结每一次实践任务的经验，企业师傅对徒弟每一次的实践任务进行考核和评价，确保了徒弟在实践中学会专业知识和技能，体现了“教学做”合一的职教特色。

本书可作为高职高专院校会计类及其他经济类专业的学徒制教材，也可作为各类成人院校及企业职工的培训教材，还可作为在职工作人员提高投资核算知识与技能的自学用书。

编写分工：艾洪娟负责整体设计、统稿及内容编写，蔺建鑫负责整体设计及部分编写工作。具体分工如下：

第一部分：艾洪娟编写入职专题培训 1、2、3，万金梅编写入职专题培训 4，任婕编写入职专题培训 5。

第二部分：蔺建鑫编写入职专题培训 6，艾洪娟编写入职专题培训 7、8，朱丽编写入职专题培训 9。

第三部分：艾洪娟编写任务 1～13，蔺建鑫编写任务 14，贾燚编写任务 15，王冲冲编写任务16～18，吴洋编写任务19～20，李双双编写任务21～22，陆红霞编写任务23～24，蔺建梅编写典型任务案例，毛德敏编写专业知识储备，李雪阳参与编写任务21、24，李祺参与编写任务15、23。

程传灵编写附录1投资核算与分析学徒岗位标准与课程标准，艾洪娟编写附录2学徒与师傅遴选标准。

编　者

2019年5月

目 录

第一部分

The First Part

步入企业

入职培训专题1
投资公司发展历程和趋势

一、投资公司的发展历程

从20世纪60年代开始，以美国为代表的资本主义国家开始了第三次工业革命，即信息化经济革命。随后美国硅谷涌现了英特尔、思科、亚马逊、Google、特斯拉、Facebook等一大批新兴科技产业巨星，他们都是从草根创业开始，在面对失败、破产的风险中，获得创业成功，并由此催生了一种适应中小创新创业企业融资需求的市场化投资融资制度安排——创业投资。创业投资不是传统的产业投资，即通过投资办厂或设立公司，从事产品或服务的生产销售，并通过经营利润获得投资增值；也不是传统的金融投资（包括证券及衍生品投资等）。在投资运营和内部治理方面，创业投资也有别于传统的直接投资活动，其所投资的对象及其未来成长性和投资收益都具有不可预测和不确定性，甚至失败是常态，成功是偶然。在美国，创业投资成功率平均在2%～3%，但是，少数被投资企业持续的价值创造获得高额收益，不仅弥补了投资损失，还为投资者带来了高于平均收益的回报。美国硅谷创业投资发展一条重要的经验是，在评估和投资项目时，首先想到的不是要获得多少盈利，而是项目及其团队能否为社会创造巨额价值。为此，创投基金投资企业后，不仅增加了创业企业的成长后劲，最重要的是将其资源整合到创业企业中，持续地帮助企业创造新的价值。

过去20多年，我国创投业由于人才、资金、经验、资本市场以及体制机制创新等方面的积累还相对不足，加之产业结构和市场需求急剧变化，所以创投的投资价值取向主要体现为追求短期利益最大化的财务投资为主，能够为被投资企业整合多方面资源，通过提供管理服务，帮助企业持续创造价值的能力严重不足。近两年来，我国创投业正在开始向长期价值投资转型，突出表现为：投资阶段向早期、初创期延伸；创业投资机构兴办孵化器，将投资与辅导相结合；天使投资已成为投资早期、初创期小微科技企业的重要力量；创投企业管理团队的知识技能结构正在转向以产业背景为主，更多地选择投资未来可能有广阔市场前景的前沿技术项目，并与被投企业共同构建新的商业模式等。

2016 年 9 月国务院《关于促进创业投资持续健康发展的若干意见》（以下简称《意见》）正式发布，标志着我国创业投资业在引导和鼓励坚持价值投资理念，构建和完善我国创投生态体系方面进入了一个新的发展阶段。我国创业投资自 20 世纪 80 年代中期从国外引入，经历探索试行和快速发展后，在体制机制创新和“募、投、管、退”等运作实践方面积累了较为丰富的经验，并已成为投资中小创新创业企业，支持大众创业、万众创新，促进我国经济转型升级的重要推动力。但由于我国当前经济体制仍处于由计划经济向市场经济不断深化的转型中，产业处于工业化和信息化的发展期，而创业投资又是在这样的环境中适应科技创新创业活动的客观需求而兴起。因此，创业投资在投资理念认识、相关政策法规制度、规范监管体系、资金募集和退出变现、市场环境以及机构内部治理等方面，仍处于不断探索前行的过程中。在今后 5 年内，如何更加有效地引导、鼓励和推动创业投资由财务投资向价值投资转变，加快构建和完善创投生态体系，对于推动我国创投业持续健康发展具有重要的战略意义。

在坚持市场化原则下加快构建我国创投生态体系方面，《意见》出台了多项具有前瞻性的重要举措，尽管其中一些还停留在研究推动阶段，但能以国务院文件名义正式提出，这将不仅仅是管理理念上的变革与提升，也是加快推动相关体制机制改革创新进程的重要步骤。

二、投资公司的发展趋势

1. 多元化创投主体和新兴业态将增多

美国、以色列和我国台湾地区等全球创投发达经济体的实践证明，在创投生态体系中，首先是发达的多元化主体及层出不穷的新兴业态。创投是个大家族，包括政府引导基金、商业化母基金、专业创投机构、大型企业附属创投部门或机构、天使投资等，他们在投资方向和策略上，既有明确分工和专业性，同时又互补协同发展。政府引导基金和商业化母基金已经成为我国创投企业资金募集的重要来源，天使投资偏重于投资早期和初创期项目，投资规模相对较小，当被投企业成长到一定阶段后，便由专业创投机构进行后期多轮投资，直至被投企业在资本市场成功上市或被收购。

此外，随着新技术的涌现和市场化程度的提高，创投新业态也不断涌现，投资边界也越来越模糊。典型的是创投基金创办孵化器。美国硅谷创业教父保罗·格雷厄姆创办的孵化器 Y-Combinator（简称 YC）就是将天使投资和创业辅导结合在一起并获得巨大成功。国内的李开复先生创办的创新工场、深圳深港产学研创投、创东方投资等机构也先后创办了孵化器。除此之外，我国一大批高净值个人投资者，他们大多是通过成功创业积累了丰富企业经验并拥有较强的投资能力和风险控制能力，或者以自然人身份单独投资中小微创新企业，或者几个人联合投资，他们与专业化创投机构最大的区别是，对被投企业给予更多的指导和帮助，与企业同命运共成长之情更为真切。《意见》提出鼓励具有能力的个人依法设立一人公司从事创业投资，这一举措具有重要的现实意义，理所当然可以享受创投业的相关优惠政策。

2. 长期投资，为被投企业持续创造新价值

从追求短期收益的财务投资转向长期的价值投资，并不是一蹴而就的，能否推动整个创投行业成功实现这一转型，关键在于创投生态体系的构建和完善。

首先，要开拓长期投资资金来源。美国等发达国家的做法告诉我们，长期资金除政府引导基金外，还有保险资金、退休养老金、大学捐赠基金等。20 世纪 70 年代，美国政府为了拓宽创业投资长期资金来源，专门修订相关法律，允许养老金以不超过 5% 的比例投资具有高风险高收益的创业投资。我国保险资金、养老资金和社保基金投资创业投资的占比极小，而是大量投资有价证券，甚至房地产。为此，国家不应仅在政策层面，更应在立法层面，允许保险、社保资金拿出一定比例资金投资创投基金，并在产业政策引导下，按市场化原则，由专业机构严格规范管理。

其次，为了鼓励长期投资，《意见》提出："研究建立所投资企业上市解禁期与上市前投资期限长短反向挂钩的制度安排。"创投企业在被投企业上市前若干年就已进行投资，直到成长达到符合上市条件成功上市，一般要 5 年甚至更长的时间，期间创投企业承担着投资不确定的各种风险。被投企业上市后，相应缩短其解禁期，这有利于创业投资资金的良性循环。

3. 拓宽退出变现渠道，促进创投资本良性循环

坚持价值投资，构建创投生态体系，还要有力促进创业投资资本的良性循环。由于大量分散的社会资金通过一定的制度安排，募集设立创业投资基金，首先将这些分散的资金转化为创投的货币资本，然后投入到中小创新科技企业，而创投资本又转化为非上市企业的创业资本。在多数情况下，多个被投企业中，只有少数通过资本和技术的有机结合获得高速成长和巨额的价值增值，但创投资本并不像产业资本那样和被投企业相伴到老，而是当被投企业上市后，自身能够通过资本市场募集发展资金，创业投资的使命便宣告结束而实现退出；或者采取溢价并购的形式，获取预期的投资收益，使基金的投资者取得较高投资回报。被投企业首次公开募股上市是创业投资的黄金退出通道，是创业投资实现良性循环的核心。所谓良性循环，非常重要的一点是，将进一步激励原有投资者将本金和获利再次投资创业投资，同时也激发更多社会资金进入创业投资领域，加快创投资本的快速形成和规模化。

4. 实行双向开放，加快推动中国创投国际合作步伐

随着经济全球化的纵深发展，创业投资已经成为广泛的国际现象。任何一个国家，特别是后进国家和地区都不可能孤立地发展创投业。我国创投业之所以在过去的20多年中能够持续快速发展，在相当程度上得益于外资创投的介入及大规模从事投资活动。据不完全统计，在美国上市的“中国概念股”中，几乎都有在境内从业的外资创投背景。如阿里巴巴、京东商城、奇虎360、聚美优品、唯品会、去哪儿网、58同城等。京东商城创业初期，普遍不被看好，外资创投红杉资本、今日资本却独具慧眼，予以投资；在香港上市的腾讯公司目前有2万亿港币市值，在其创业初期，就获得了IDG的投资，并进入快速发展轨道。近年来，进入境内的外资创投由于业绩显赫，在不断募设和管理美元基金的同时，也募设管理了一大批人民币基金投资境内企业。他们的成功经验对我国本土创投的发展发挥了重要作用，主要表现为：一是引进发达国家先进的创投理念和经验，使本土创投在探索发展中少走了许多弯路；二是对我国原有投融资体制形成巨大冲击，促进了我国与创投相关的产业政策、税收制度和法律法规等的改革和完善，以及多层次资本市场的创新等，也正是由于外资创投的进入，带动了本土创投的兴起和规模的形成。二者既保持各自相对独立的运作，同时又相互开展合作。

目前，我国本土创投机构也开始探索走国际化道路。部分创投企业已经募集管理美元基金，与美国、以色列、韩国、新加坡等国家创投开展合作；少数本土创投已经将投资触角伸向美国硅谷和以色列等国家和地区。根据美国市场研究公司Rhodium Group发布的报告，不包括房地产在内，截至2019年上半年，我国对硅谷的投资已超过60亿美元。但总的来说，我国本土创投开展跨境投资和国际化起步较晚，目前还处于零散状态。为此，许多本土创投机构和有识之士强烈呼吁要求放宽管制，鼓励有国际视野和投资能力的本土创投积极探索开展跨境投资，这对推动我国创投业向高层次发展具有重要意义。首先，通过设立境外基金和开展跨境投资活动，将有利于与境外更多潜在投资者开展合作，并不断把他们引入国内；其次，及时了解掌握国际最新创新科技发展动态与趋势，并有机会把国外先进技术项目引回国内，将美国硅谷、以色列等国家和地区的先进技术研发和国内产业配套，在我国本土创投跨境与在国内同时开展投资的过程中，必将有助于形成有机的国际化产业链条，从而加快我国创新型国家建设步伐。

入职培训专题 2
企业投资环境分析

一、经济环境的分析

投资活动是企业经济活动的组成部分，经济环境是投资的重要环境。经济环境一般包括经济体制、经济周期、经济政策、通货膨胀和市场竞争等。

（一）经济体制

在计划经济体制下，国家统筹企业资本，统一投资，统负盈亏，企业利润统一上缴，亏损全部由国家补贴，企业无独立的理财权力。因此，投资理财活动的内容比较单一，方法比较简单。在市场经济体制下，企业成为"自主经营、自负盈亏"的经济实体，拥有独立的理财权。企业可以从自身需要出发，合理确定资本需要量，然后到市场上筹集资本，再把筹集到的资本投放到高效益的项目上获取更大的收益，最后将收益根据需要和可能进行分配。因此，投资活动的内容比较丰富，方法也复杂多样。

（二）经济周期

经济的周期性波动对投资理财有着重要的影响。在不同的发展时期，企业的生产规模、销售能力、获利能力以及由此而产生的资本需求都会出现重大差异。例如，在经济萧条阶段，企业产量和销售量下降，投资锐减，企业应建立投资标准，保持市场份额，压缩管理费用，裁减雇员；在经济衰退阶段，企业应停止扩张，出售多余设备，停产不利产品；在经济繁荣阶段，企业应扩充厂房设备，增加劳动力。投资人员必须预测经济变化情况，适当调整投资政策。

（三）经济政策

经济政策是国家进行宏观经济调控的重要手段。国家的产业政策、金融政策、财税政策，对企业的筹资活动、投资活动和分配活动都会产生重要影响。如金融政策中的货币发行量、信贷规模会影响企业的资本结构和投资项目的选择，价格政策会影响资本的投向、投资回收期及预期收益等。投资人员应当深刻领会国家的经济政策，研究经济政策的调整对投资活动可能造成的影响。

（四）通货膨胀

通货膨胀不仅对消费者不利，对企业财务活动的影响更为严重。大规模的通货膨胀会引起资本占用的迅速增加；通货膨胀会引起利率的上升，增加企业筹资成本；通货膨胀时期有价证券价格的不断下降，会给投资带来较大的困难；通货膨胀会引起利润的虚增，造成企业资本的流失。

为减轻通货膨胀对企业造成的不利影响，财务人员应采取措施予以防范。在通货膨胀初期，货币面临着贬值的风险，这时企业进行投资可以避免风险，实现资本保值；与客户应签订长期购货合同，以减少物价上涨造成的损失；取得长期负债，保持资本成本的稳定；在通货膨胀持续期，企业可以采用比较严格的信用条件，减少企业的债权；调整财务政策，防止和减少企业资本流失等。

（五）市场竞争

企业的一切生产经营活动都发生在一定的市场环境中，投资理财行为的选择在很大程度上取决于企业的市场环境。不了解企业所处的市场环境，就不可能深入地了解企业的运行状态，也就很难做出科学的投资决策。

企业所处的市场环境通常包括以下四种：完全垄断市场、完全竞争市场、不完全竞争市场和寡头垄断市场。不同的市场环境对投资理财有着不同的影响。处于完全垄断市场的企业，销售一般都不成问题，价格波动不大，利润稳中有升，经营风险较小，企业可运用较多的债务资本；处于完全竞争市场的企业，销售价格完全由市场来决定，企业利润随价格波动而波动，企业不宜过多地采用负债方式去筹集资本；处于不完全竞争市场和寡头垄断市场的企业，关键是要使企业的产品具有优势，具有特色，具有品牌效应，这就要求在研究与开发上投入大量资本，研制出新的优势产品，做好售后服务，并给予优惠的信用条件。

二、法律环境的分析

市场经济是以法律规范和市场规则为特征的经济制度。企业是市场经济的载体，企业的财务活动应遵守各种法律、法规。企业投资理财中涉及的法律、法规主要包括以下几方面。

（一）企业组织法

企业组织法主要包括《中华人民共和国公司法》《中华人民共和国外资企业法》《中华人民共和国中外合资经营企业法》《中华人民共和国破产法》《中华人民共和国合伙企业法》《中华人民共和国个人独资企业法》等。企业的组织运行和投资活动，必须依法进行。

（二）税收法规

税收税种的设置、税率的高低、征收范围、减免规定、优惠政策等必然影响企业的投资活动。影响投资的税收法规主要包括：《中华人民共和国税收征收管理法》《中华人民共和国个人所得税法》《中华人民共和国企业所得税法》《中华人民共和国增值税暂行条例》《中华人民共和国消费税暂行条例》等。企业的决策都直接或间接受到税收的影响。投资人员应当精通税法，自觉按照税法的规定开展经营活动和管理活动。

（三）证券法规

证券法规规定了证券上市规则和交易规则，其中涉及许多财务方面的要求。证券法对企业投资理财的影响主要表现在企业内部财务制度如何体现这些要求，企业如何根据这些要求来规范自身财务行为。一般来讲，这些要求可以作为企业财务制度的内容，促进企业按上市公司的标准来强化企业的投资活动。

（四）财务法规

财务法规主要包括《中华人民共和国会计法》《企业会计准则》《企业财务通则》和《中华人民共和国企业会计制度》等。财务法规是规范企业财务活动、协调企业财务关系的行为准则。投资理财人员应认真领会并贯彻财务法规，确保企业理财活动规范、合法。

三、金融环境的分析

企业筹资、投资活动是在一定的环境约束下进行的，这一环境称为金融环境，主要包括金融市场和金融工具。金融环境是企业投资的重要环境，它不仅为企业筹资和投资提供了场所和方式，而且促进了资本的合理流动和优化配置。

（一）金融市场

金融市场是实现货币借贷和资本融通、办理各种票据和有价证券交易活动的场所。金融市场可分为资金市场、外汇市场和黄金市场。与企业投资最为密切的是资金市场，一般可分为短期资金市场和长期资金市场。

1. 短期资金市场

短期资金市场又称货币市场，是指进行融资期限在一年以内的资金交易活动的场所。短期资金市场可分为以下三种。

（1）短期债券市场。主要是发行和转让一年期以内的企业债券和国库券的市场。

（2）票据贴现市场。即商业汇票的贴现市场。商业汇票的持有者在汇票到期前需用资金时，可凭汇票到金融机构申请贴现，取得短期资金的融通。

（3）可转让大额定期存单市场。即银行向单位和个人发行的大额定期存单。持有人可依法转让交易，以取得短期资金融通。

2. 长期资金市场

长期资金市场是指进行融资期限在一年以上的资金交易活动的场所。可分为以下两种。

(1) 长期借贷市场。即取得1年期以上贷款的市场。

(2) 长期证券市场。即取得1年期以上长期债券和股票的市场。长期债券是企业为筹集长期资金而发行的债券，有一定期限，到期还本付息。发行股票是股份公司筹集长期资金的手段，可供企业长期使用，不需归还。

长期证券市场可分为一级市场和二级市场。一级市场又称为发行市场，其活动围绕有价证券的发行而展开。参加者主要是发行人和认购人，中介人作为包销者或受托人参与活动。二级市场又称为流通市场，其活动围绕有价证券的转让流通而展开。流通市场上各种证券的转让流通，仅仅是为投资人和筹资人提供融资便利，并不能直接为筹资人筹集新的资本。

(二) 金融工具

金融工具是能够证明债权债务关系或所有权关系并据以进行货币资金交易的合法凭证，它对于交易双方所应承担的义务与享有的权利均具有法律效力。金融工具一般具有期限性、流动性、风险性和收益性四个基本特征。金融工具按期限不同可分为货币市场工具和资本市场工具，前者主要有商业票据、国库券（国债）、可转让大额定期存单、回购协议等；后者主要是股票和债券等。

金融工具是金融市场的交易对象。资本供求者对借贷资本数量、期限和利率的多样化的要求，决定了金融市场上金融工具的多样化，而多样化的金融工具不仅满足了资本供求者的不同需要，而且也由此形成了金融市场的各类子市场。

入职培训专题 3

XXX投资公司的组织构架及工作流程

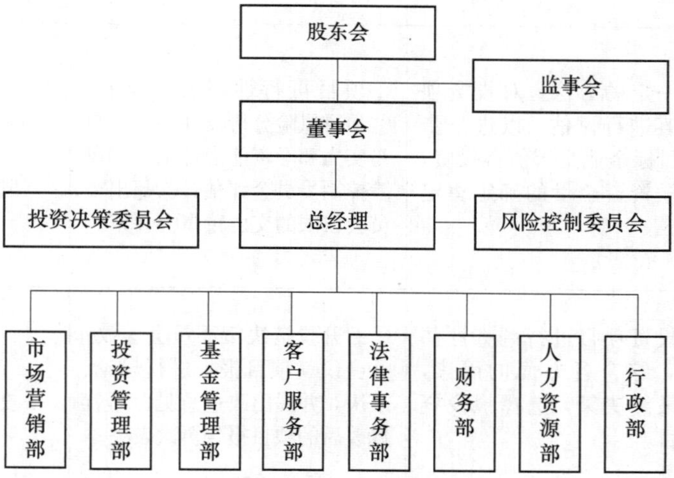

×××投资公司的组织构架

×××投资公司的工作流程

步骤	目的	流程	责任部门
项目的寻找	通过一定渠道，例如自有渠道（个人网络、市场分析、战略合作伙伴、股东），中介渠道（银行、券商、律师/会计事务所、其他专业机构），品牌渠道（公司网站、客服中心）等，寻找潜在的投资项目。	①渠道建立；②资料初步建立；③登记申请项目表；④整理项目资料；⑤登记进入项目资料库。	投资管理部 市场营销部 客户服务部

续表

步骤	目的	流程	责任部门
项目的筛选	对潜在的投资项目，进行初步筛选，过滤掉不值得投资的项目，将可能存在投资价值的项目进行立项，深入调查。筛选的标准主要有：投资规模、行业、发展阶段、产品、管理团队、投资区域等。	①编写项目基本情况报告；②项目初评；③编写项目初步筛选报告；④进一步评估；⑤立项登记	投资管理部
尽职调查	对经过初步筛选保留下来的项目进行详细的调查，并深入了解，以确定项目是否具有投资价值。	①组建项目团队；②制定尽职调查计划；③内、外部调查；④形成调查报告初稿；⑤投资委员会反馈意见；⑥撰写尽职调查报告。	投资管理部 法律事务部 财务部 人力资源部 投资决策委员会
项目评估	采取一定的方法，对投资项目价值进行评估，以进一步确定目标企业是否值得投资，并为融资资金量的确定奠定基础。	①项目可行性报告的撰写；②项目风险分析及评估；③自身实力和融资能力评估；④风险控制委员会评估；⑤超出委员会权限的交由董事会评审。	投资管理部 法律事务部 财务部 风险控制委员会 董事会
投资决策	在对投资项目进行调查评估之后，综合各方面的因素，做出最终决策，选择拟投资的项目。	①召开投资决策委员会会议；②会议就项目报告进行讨论、表决，并提出改进意见；③就修改后的项目报告再次表决。	投资管理部 投资决策委员会

入职培训专题 4

XXX企业各部门工作职责与个人职业生涯发展

第一节 ×××公司各部门工作职责

投资公司各部门工作职责

部门	主要职责
投资决策委员会	一般由公司总经理、研究部经理、投资部经理及其他相关人员组成。负责决定公司所管理基金的投资计划、投资策略、投资原则、投资目标、资产分配及投资组合的总体计划等。
风险控制委员会	一般是由副总经理、部门经理及其他相关人员组成。主要负责制定和监督执行风险控制政策，根据市场变化对基金的投资组合进行风险评估，并提出风险控制建议。对部门提交的关于产品、财务等风险评估报告、建议进行讨论，做出决策建议，并提交董事会做出最终决策。
市场营销部	根据公司的经营目标，完成公司下达的基金产品销售目标。接触客户形成第一手资料，为投资管理部提供产品研发数据及建议。营销策略、计划的拟定、实施和改进。负责市场调研、市场分析工作，制定业务推进计划。负责如实向客户介绍产品、与顾客洽谈、签订合同，确保所签合同规范、有效和可行，负责合同、评审记录的及时传递和保存。了解客户的基本情况及与本企业有关的数据资料，建立和运用客户资料库。协助客户服务部对顾客满意程度的调查。
投资管理部	对行业进行深入研究，适时向公司提出调整投资策略（如地域选择、城市选择等）的建议。通过广泛的渠道寻找优质项目，进行前期谈判和商务条款的谈判。对项目进行分析、调查和论证，提交投资可行性报告。对已投资项目的管理，及时发现问题并提交应对方案，及时采取应对措施。

续表

部门	主要职责
基金管理部	根据投资管理部的项目研究成果，设计、推出新的基金产品类型，设计产品结构与思路，与其他部门紧密联系，设计产品宣传资料、设计相关法律文本。负责基金的日常管理事务，办理相关的登记、注册、备案、银行对接事宜。实时跟踪基金项目的运作，监督项目的实施，按公司的要求提交基金运作报告，并就基金运作过程中所发生的情况及时向公司报告。
客户服务部	负责客户的咨询服务、接待，保管客户资料，处理客户投诉。与营销人员紧密配合，保管客户档案，接受客户的投诉并处理，制订不同时段的客户服务计划，维护老客户的同时挖掘新客户。分析汇总回访中客户所反映的问题，为公司的运营决策和营销的工作开展提供数据支持。
法律事务部	对投资项目进行法律上的可行性评估、尽职调查等，揭示投资业务的法律风险并提出相应的解决方案。参与投资项目的合并、分立、清算、股权投资、资产租赁、资产转让等重要经济活动，处理有关法律事务。负责公司重大经营决策和重大经济活动的法律审查和论证。负责投资项目合同的起草、审核，参与重要项目合同的谈判及合同文本的起草，为重大项目提供法律支持。
财务部	负责公司基金设立发行中的法律文本和处理公司相关的法律争议、纠纷等法律问题。对公司运营过程中产生的潜在风险及时进行提示，对基金投资、业务管理、营销、财务管理等各部门运作流程中的各项环节进行监控，提供有关风险评估、检查、风险控制措施等方面的报告及针对性的建议。负责基金发行的财务工作，如银行开户、托管事项的办理。协助投资决策委员会做好投资项目的财务调查。参与公司新产品的可行性研究和项目评估中的财务分析工作。负责基金运作过程中的资金管理、调度等工作。负责处理公司内部财务事务，包括有关费用支付、管理费收缴、公司员工的薪酬发放、公司年度财务预算和决算等。负责与财务工作有关的外部及政府部门，如税务局、财政局、银行、会计事务所等联络、沟通、报告的工作。
人力资源部	负责拟定、审核公司岗位配置、岗位职责以及人员编制计划。根据公司的人员配备需求完成人员的招聘、试用、转正等环节。制定公司的薪酬和绩效考核制度。根据对在岗人员的关注和测评，对员工进行有效的激励。规划、组织公司的人员进行业务提升培训。
行政部	负责为公司的日常运作提供行政事务的后台支持。负责文件收发、文稿拟定、印章管理及相关的办公事务。

第二节　企业个人生涯发展规划

入职 1～2 年： 个性认知，职业兴趣的培养，并掌握工作岗位的基本知识。

1. 熟悉国家有关投资的方针、政策和法规，了解国内外本学科的理论前沿和发展动态。

2. 系统掌握投资学的基本理论和基本知识，通晓与投资学专业密切相关的管理学、经济学、法学等学科的基本知识。

3. 具有较强的计算机应用能力以及获取信息并处理信息的能力。

入职 3～5 年：独立完成业务。

1. 能将投资学的基本理论和方法应用于实践，具有较强的投资组织与决策能力和创新精神，独立完成岗位工作。

2. 具有较强的外语听说读写能力，能熟练地查阅外文文献，具有一定的外语交际能力。

3. 具有较强的语言与文字表达能力，能胜任较强的商务谈判。

入职 6～10 年：拓展业务，提升自己。

1. 熟练掌握社会科学和自然科学相结合、定性与定量相结合的分析方法，具有处理金融投资、风险投资、国际投资、政府投资、企业投资、投资宏观调控等方面的业务技能。

2. 进入公司的管理层工作。

入职培训专题 5

XXX投资公司财务管理制度

为加强对公司财务工作的监督与管理，提高资金运用效率，保证资金安全，充分发挥财务管理的职能作用，进一步规范公司投融资行为，减少投资风险，保证资金运营的安全性与收益性。现根据《中华人民共和国会计法》等有关国家财经法律、法规和公司章程，结合本公司的具体情况，特制定本制度。本制度经董事长审批后生效。公司必须严格按照本制度执行。

第一条 本公司严格遵守《中华人民共和国会计法》等国家财经法律法规。

第二条 公司财务部设立财务部经理、主管会计、出纳三个岗位。

第三条 财务部经理负责公司税收筹划、融资管理，指导主管会计与出纳进行日常事务处理。

第四条 主管会计负责编制公司的会计凭证，登记总账、明细账簿，编制公司年度、月度财务报表，预算编制和分析，进行财务分析和税务申报和筹划；负责公司往来款项，日常费用的核算、审核和管理；负责会计电算化管理；负责公司会计档案的管理以及财务经理交办的其他工作。

第五条 出纳负责办理公司现金、银行结算业务；负责保管库存现金、银行票据和各种有价证券；进行本部门日常后勤管理工作。

第六条 费用报销程序

1. 费用报销的限额按每月提报的资金预算为准。预算内报销经总经理审批；超出预算的费用作为预算外支出，需经董事长审批后方可报销。

2. 预算内报销，经办人在报销费用时，首先需要填写一份费用报销单，经部门负责人—主管会计—财务经理—总经理审核并签字后，出纳方可支付。

3. 超出预算部分报销，经办人在报销费用时，填写《预算外报销申请单》，经部门负责人—主管会计—财务经理—总经理审核—董事长审批并签字后，出纳方可支付。

4. 部门负责人首先要审核业务活动的真实性及该费用发生的合理性；主管会计审核是否超出预算，其次要审核原始凭证的真实性、合法性以及合理性；财务经理审核费用报销是否符合公司财务制度；总经理最后签字确认。

第七条 借款规定

1. 公司人员借款实行计划申报，业务人员应详细填列《请款单》，经“部门负责人—财务经理/总监—总经理”审批。若借款为差旅费用，借款时需附《出差申请表》。出差归来10日内，报销冲账。

2. 原则上员工借款余额以该员工月工资额为限额。主管会计应每月对员工借款进行及时清理。

第八条 会计凭证、账簿、报表、财务情况说明书（财务会计报告）、经营意向、决策资料、财务安排、关系客户资料、财务会议记录、公司有关财务规章制度、证件、印章、会计数据、会计资料及其会计载体（包括计算机、税控装置及程序、电算化程序、备份文字数据的软盘、光盘及移动硬盘等）、财务设备等各种资源管理，均适用保密制度。未涉及事项，依有关规定或参照本制度执行。

第九条 对于印章的使用，使用人在职责范围内，按程序进行使用和登记。对于特殊事项，必须经公司总经理签字批准后方可使用，并进行相应登记。

第十条 对于财务保险柜、文件保密柜等财务专用设备，其使用人必须牢记使用密码，专人专用。

第二部分

认识岗位

The Second Part

The Second Part
The Second Part
The Second Part

入职培训专题 6
认识学徒业务岗位

一、岗位职责

1. 认真贯彻执行国家有关法律、法规、方针、政策；贯彻上级主管部门有关规定、制度。

2. 对外投资必须按照规定的程序办理（调研、可行性研究、立项审批等），纳入年度财务预算。凡未纳入预算的对外投资应予抵制不办。

3. 为生产性投资和金融性投资方案，提供投资成本、投资收益、投资风险等有关的财务数据，做到数字真实、情况准确。

4. 按照《企业会计准则——投资》的规定，正确核算企业各种对外投资方式的计价，包括以现金、实物、无形资产投资计价，购买有价证券、债券投资计价，购买股票投资计价等。

5. 按照规定和企业实际情况，采用合理的长期投资核算方法（成本法或权益法）和长期投资减值准备的提取方法，并保持其前后一致。

6. 深入实际，调查研究，做好对外投资效果的分析工作，对投资效果不佳或没有效果的项目，要及时向领导报告处理。

7. 认真做好投资收益的核对和管理，了解被投资单位经营及效益情况，确保企业能够按照投资协议，及时、足额地收到应得收益。

8. 参与企业对外投资的有关活动，对资金流向和投资规模进行监督。对不符合国家和上级主管部门规定或不符合实际情况的对外投资，有权建议纠正，建议无效时有权向上级报告处理。

9. 负责编制与对外投资核算有关的记账凭证、账簿、报表等，同时做好文字分析资料。

10. 做好领导交办的其他工作任务。

二、任职资格

1. 政治素质和职业道德

(1) 坚持社会主义方向，积极为社会主义建设和改革开放服务。

(2) 坚持原则、廉洁奉公、遵纪守法、忠于职守。

(3) 作风正派，有实干精神，办事客观公正。

2. 专业及相关知识要求

(1) 财会或相关专业。

(2) 掌握国家和上级主管部门有关财政、财经等方针、政策和规定。

(3) 具备会计电算化知识。

(4) 具备企业现代化管理及金融、信贷、证券等知识。

3. 能力要求

(1) 有一定的综合分析能力，能分析和预测对外投资项目近、远期投资效果及给企业造成的各种影响。

(2) 有一定的协调能力，能协调各方面的关系，保证工作任务的顺利完成。

(3) 有一定的语言文字表达能力，能准确地领会上级主管部门文件精神、报告，能起草综合分析报告和有关工作文件。

入职培训专题 7

岗位工作技术要求

1. 收集各类信息，寻找有投资价值的企业或项目（包括重组、兼并和收购等项目）。

2. 组织对拟投资企业或项目进行调研、论证，评估企业或项目的市场价值，提出投资企业或项目的可行性报告。

3. 组织制定、完善公司融资业务流程，在领导的指导下有效地开展融资工作，并就融资工作动态向相关领导进行汇报。

4. 拓展并维护公司与资本市场的关系，与银行管理层保持密切联系，及时掌握各银行的信贷政策变化和金融产品创新，以保障融资需求。

5. 引入外部资金，设计合作模式，对企业发展进行投融资支持。

6. 进行投资企业或项目的投资方案设计，包括投融资方式、投融资规模、投融资结构及相关成本和风险的预测等。

7. 投资企业或项目的立项、报建、报告等工作，并按公司决策，以投资公司名义组织投资。

8. 对公司直接投资形成的资产进行管理，掌握、监督其经济情况，包括资产负债、损益、现金流量等财务状况；市场开发、产品开发、产品结构调整等经营状况；组织结构、人才队伍、劳动生产率等管理状况。

9. 对投资形成的资产运行进行监督。通过定期或不定期听取执行董事和监事工作汇报、本部门工作人员按委派程序出任董事或列席董事会、调阅有关资产运行信息资料等方式，及时发现资产运行中的问题并预警，提出处理意见并监督主管部门采取相关措施。

入职培训专题 8

岗位业务能力要求和培养目标

一、专业知识目标

1. 了解投资的概念和种类。
2. 掌握货币时间价值的计算。
3. 资金筹集的渠道和方式，资金需要量的预测。
4. 项目投资计算期、项目资金的计算和现金流量的计算。
5. 静态和动态投资决策项目评价指标的计算及分析，投资方案的选择。
6. 股票、债券、基金投资及收益的核算。
7. 现金、应收账款等营运资金的管理。
8. 收益分配的程序及方式。

二、职业能力目标

1. 熟练计算项目资金的时间价值及风险报酬率。
2. 能够预测企业资金需要量，判断企业选择何种筹集方式。
3. 掌握静态和动态项目投资决策方法；运用单一和多个互斥方案的比较决策方法制定投资决策。
4. 正确计算股票估价、债券价值、基金投资的估价及投资收益率，运用股票、债券、基金的投资决策方法。
5. 能够进行现金的成本分析并确定最佳现金持有量，分析应收账款的成本并制定信用政策。
6. 识别不同企业收益分配的影响因素，进行不同股利分配方式的计算；准确选择利润分配方案并规范地进行利润分配。

三、职业素质目标

（一）职业精神与品质

1. 具有诚实守信、严谨治学、求真务实、艰苦奋斗、团结协作的品质。
2. 具有爱岗敬业、廉洁自律、客观公正、坚持准则、提高技能的职业道德。
3. 具有较强的自学能力和开拓创新能力。

（二）关键能力

1. 学习与创新能力：运用现代网络和资料室资料，不断更新知识体系。
2. 社会能力：关注社会中的经济热点，与所学知识紧密联系。
3. 交往合作能力：在项目决策中有团队合作精神。
4. 心理调适能力：具备一定的承受能力，并能自我调整情绪。
5. 信息分析处理与说写表达能力：根据项目信息做出适当的决策。

入职培训专题 9
制定学徒培养计划

1. 投资核算与分析学徒学习计划

学习任务	学习内容	学习天数	学习地点
1. 资金时间价值和风险价值的计算	1. 资金时间价值与风险报酬的含义。 2. 资金时间价值的计算方法。 3. 风险价值的计算方法。	3 天	学徒企业
2. 筹集资金	1. 权益资金和负债资金筹集的方法和优缺点。 2. 资金成本的概念和个别资金成本的计算及综合资金成本的概念和计算方法。 3. 经营杠杆、财务杠杆和复合杠杆的内涵和计算。 4. 最佳资本结构的确定方法。	3 天	学徒企业
3. 项目投资	1. 项目建设期和经营期现金流量的确定方法。 2. 现金流量的计算。 3. 非折现评价法和折现评价法的主要指标计算。 4. 项目投资各评价指标的内涵及其优缺点。	4 天	学徒企业
4. 证券投资	1. 证券投资的目的、特点与种类。 2. 股票投资的目的、特点。 3. 债券投资的目的、特点。 4. 基金投资的含义、种类，以及基金投资的优缺点。	3 天	学徒企业
5. 营运资金管理	1. 现金的持有动机与现金管理成本的构成。 2. 最佳现金持有量的计算。 3. 应收账款管理成本及应收账款政策制定。 4. 存货管理成本的构成及存货经济批量决策。	3 天	学徒企业

续表

学习任务	学习内容	学习天数	学习地点
6. 收益分配	1. 收益分配政策及其影响的因素。 2. 收益分配的程序。	2天	学徒企业

2. 投资核算与分析学徒工作计划

工作任务	工作内容	工作天数	工作地点
1. 资金时间价值和风险价值的衡量	1. 熟练运用资金的时间价值，熟练掌握复利现值、终值的计算。 2. 年金现值、终值在项目中的应用。 3. 计算项目风险报酬率。 4. 掌握风险价值的计量方法。	10天	学徒企业
2. 筹集资金的管理	1. 企业筹资的个别资金成本、综合资金成本的计算与分析。 2. 企业经营杠杆、财务杠杆和复合杠杆的计算与分析。 3. 制定项目的筹资决策。	15天	学徒企业
3. 项目投资的管理	1. 确认项目计算期、净现金流量和项目投资总额。 2. 应用非折现评价法和折现评价法的各项指标来分析投资项目。 3. 灵活运用项目投资决策的方法，正确做出投资决策。	20天	学徒企业
4. 证券投资管理	1. 计算股票价值和股票投资收益率，正确运用股票投资决策方法。 2. 计算债券价值和债券投资收益率，正确运用债券投资决策方法。 3. 计算基金价值及收益投资决策。	20天	学徒企业
5. 营运资金管理	1. 确定企业最佳现金持有量。 2. 制定应收账款政策及信用政策，进行账龄分析。 3. 存货管理成本的确定，制定最优存货进货批量。	15天	学徒企业
6. 收益分配管理	1. 选择利润分配方案。 2. 依法进行利润分配。	10天	学徒企业

3. 投资核算与分析学徒专题研修计划

研修专题	研修内容	研修天数	研修地点
1. 经济学专题	1. 经济学的基本原理。 2. 国家的经济形势。 3. 国家关于投资的相关政策。	3天	学徒企业
2. 证券市场知识专题	1. 证券市场基础知识，相关法律法规。 2. 证券发行与承销、证券投资交易的流程。 3. 证券投资分析等知识。	5天	学徒企业
3. 财务管理专题	1. 投资项目各类财务指标的计算及分析。 2. 收益分配流程及政策。 3. 企业相关会计准则。	4天	学徒企业

第三部分

The Third Part

学徒工作学习任务

【专业知识准备】

一、企业投资的描述

（一）企业投资的含义

企业投资是指企业为了在未来获取收益或使资金增值，在一定时期内将财力投放于一定对象的经济活动。

（二）企业投资的种类

投资有广义和狭义之分，广义的投资包括企业内部的资金投放和使用，以及对外部进行的投出资金；狭义的投资仅指对外投资，即企业为通过分配来增加财富或使资金增值，而将资产让渡给其他单位使用的行为。投资按不同分类标准可以分为不同的类型。

1. 按投资期限不同分为短期投资和长期投资

短期投资指企业购入的各种能随时变现、持有时间不超过一年或一个营业周期的投资，如对应收账款、存货、短期有价证券等的投资。

长期投资指一年以上才能收回的投资，如对房屋、建筑物、机器设备等的投资。

2. 按照投资行为的介入程度不同分为直接投资和间接投资

直接投资是指由投资人直接介入的投资行为，即将货币资金直接投放于生产经营环节中，形成实物资产或者购买现有企业资产的一种投资。其特点是，投资行为可以直接将投资者与投资对象联系起来。在非金融性企业中，直接投资所占比重较大。

间接投资又称证券投资，是指投资者以其资本购买债券、股票和基金等金融性资产，以期获取股利或利息收入的投资。

3. 按照投资的方向不同可分为对内投资和对外投资

对内投资即项目投资，是指企业把资金投放在企业内部，购置各种生产经营用资产的投资。如购买供本企业生产经营使用的固定资产、无形资产、其他资产投资，以及垫支流动资金等。

对外投资是指企业以现金、实物、无形资产等方式或者以购买股票、债券等有价证券方式向其他单位的投资。

此外，按照投资的内容不同，投资又可分为固定资产投资、无形资产投资、存货投资、有价证券投资和其他资产投资等多种形式。

二、企业投资的目的

企业投资的目的可以概括为获得利润、生存与发展和降低风险三个方面。

（一）获得利润

企业要想获得利润，应当将筹集到的资金投放于企业内部或外部，从中获取资金时间价值和投资风险价值。

（二）生存与发展

企业只有生存，才可能发展。企业生存的先决条件是进行货币投资，从市场上取得所需要的资源，并将其投入生产经营过程，使生产经营活动维持继续经营状态。企业是在发展中求得生存的，企业的发展集中表现为扩大收入，扩大收入的根本途径是要进行物质资源、人力资源的投资，来提高产品的质量，扩大销售的数量，增加利润。

（三）降低风险

科学的投资决策，可以保证企业将资金投向其生产经营的关键环节或薄弱环节，提升企业生产经营能力，稳定收益来源，从而提高企业抵御风险的能力；同时，企业合理进行多元化投资组合，将资金投向多个行业，可以分散风险，增强企业资产的安全性。

三、企业投资应考虑的因素

（一）投资风险

投资风险是指由于未来的不确定性而产生的投入本金和预期收益损失或减小的可能性。投资风险表现为未来收益和增值的不确定性。诱发投资风险的主要因素有政治因素、经济因素、技术因素、自然因素和企业自身因素等。在投资中，应权衡风险和收益的关系，充分合理预测投资风险，制定规避投资风险的有效策略，力争将投资风险降至最低。

（二）投资收益

企业投资的目的有所不同，但其根本动机都是追求较多的投资收益。在不同投资方案的选择上，在风险相同的情况下，应当以投资收益的大小来取舍。

四、项目投资的描述

（一）项目投资的含义

项目投资是一种以特定建设项目为对象，直接与新建项目或更新改造项目有关的长期投资行为。项目投资通常包括固定资产投资、无形资产投资、其他资产投资和流动资产投资等内容。

与其他形式的投资相比，项目投资具有投资金额大、影响时间长、发生频率低、变现能力差和投资风险大等特点。

（二）项目投资的种类

工业企业投资项目主要包括以新增生产能力为目的的新建项目和以恢复改善生产能力为目的的更新改造项目两大类。

新建项目按其涉及内容还可以进一步细分为单纯固定资产投资项目和完整工业投资项目。单纯固定资产投资项目简称固定资产投资，其特点在于：在投资中只包括为取得固定资产而发生的垫支资本投入而不涉及周转资本的投入。完整工业投资项目则不仅包括固定资产投资，而且还涉及流动资金投资，甚至包括其他长期资产项目（如无形资产）的投资。

（三）项目投资的程序

企业投资程序主要包括以下几步。

1. 提出投资领域和投资对象。企业需要把握良好的投资机会，这根据企业的长远发展战略、中长期投资计划和投资环境的变化来确定。

2. 评价投资方案的财务可行性。在分析评价特定投资方案经济、技术可行性的基础上，需要进一步评价其是否具备财务可行性。

3. 投资方案的比较与选择。在财务可行性评价的基础上，在多个可行方案中择优选择。

4. 投资方案的执行。即投资行为的具体实施。

5. 投资方案的再评价。在投资方案的执行过程中，一旦出现新的情况，就要随时根据变化做出调整以适应新的情况。

【典型人物案例】

马云，男，1964 年 9 月 10 日生于浙江省杭州市，祖籍浙江省嵊州市（原嵊县）谷来镇，阿里巴巴集团主要创始人，现担任日本软银董事、TNC（大自然保护协会）中国理事会主席兼全球董事会成员、华谊兄弟董事、生命科学突破奖基金会董事、联合国数字合作高级别小组联合主席。

1988 年，马云从杭州师范学院外国语系英语专业毕业，获文学学士学位，之后被分配到杭州电子工业学院（现杭州电子科技大学），任英文及国际贸易讲师。之后马云成为杭州市优秀青年教师，发起西湖边上第一个英语角，开始在杭州翻译界有了名气。1992 年，由于很多人来请马云做翻译，马云成立海博翻译社，请退休老师做翻译。为生存下去，马云背着大麻袋到义乌、广州去进货，海博翻译社开始卖鲜花，卖礼品，还曾经销售过一年的医药，推销对象上至大医院，下至赤脚医生。1994 年，海博翻译社收支持平。此时来自西雅图的外教比尔和马云聊互联网，马云开始寻找机会决定创业。

1995 年年初，海博翻译社开始赚钱。马云作为翻译来到洛杉矶沟通落实一起高速公路投资未果后，从洛杉矶飞到西雅图找比尔，比尔领马云去西雅图第一个 ISP 公司 VBN 参观。1995 年 3 月，马云从杭州电子工业学院辞职，自己拿出六七千元，向妹妹、妹夫借了 1 万多元，凑足了 2 万元准备创业。1995 年 4 月，中国第一家互联网商业公司杭州海博电脑服务有限公司成立。三名员工是马云、马云夫人张瑛和何一兵。

1995 年 5 月，中国黄页正式上线，马云开始从身边的朋友做起生意。此时，离中国能上 Internet 还有 3 个月。1995 年 7 月，中国黄页为浙江省外宣办做了一个网站，在网上宣传浙江的经济文化，名曰“金鸽工程”。

1996 年 3 月，由于杭州电信也做了一个中国黄页，分食市场，马云决定和杭州电信合并。中国黄页作价 60 万元人民币，占 30%股份，杭州电信投现金 140 万元人民币，占 70%股份。1997 年，在得到外经贸部进京成立中国国际电子商务中心（EDI）邀请后，马云决定放弃中国黄页。他将自己所持的 21%中国黄页以每股两三毛钱的价格贱卖给了公司，拿回 10 多万元。之后马云和他的团队在北京开发了外经贸部官方网站、网上中国商品交易市场、网上中国技术出口交易会、中国招商、网上广交会和中国外经贸等一系列网站。

1999 年 3 月，马云正式辞去公职，带着后来被称为“18 罗汉”的团队回到杭州，凑够 50 万元人民币开始了新一轮创业，开发阿里巴巴网站。1999 年 4 月 15 日，阿里巴巴网站正式上线。Investor AB 副总裁蔡崇信听说阿里巴巴后，飞赴杭州洽谈投资，在和马云谈了 4 天后，决定辞职加入阿里巴巴。1999 年 10 月和 2000 年 1 月，阿里巴巴两次共从软银等国际投资机构融资 2 500 万美元。2000 年 7 月 10 日，马云成为《福布斯》杂志封面人物。2003 年 5 月 10 日，马云创立淘宝网，开始抢夺 eBay 易趣 C2C 市场。2004 年 12 月，马云创立第三方网上支付平台支付宝。2005 年 8 月 17 日，雅虎宣布以 10 亿美元现金和雅虎中国全部资产为代价，同时获雅虎 10 亿美元投资，换取马云创办的阿里巴巴 40%的股份和 35%的投票权，马云出任中国雅虎董事局主席。

2007 年 11 月，马云创立的阿里巴巴网络有限公司在香港联交所主板挂牌上市。马云出席 2007 达沃斯世界经济论坛。2008 年 10 月 31 日，阿里巴巴有限公司和杭州师范大学合作共建杭州师范大学阿里巴巴商学院，马云出任董事长。2009 年，马云加入 TNC 中国理事会。

2009 年 5 月 5 日，亚太经济合作组织（APEC）工商咨询委员会（ABAC）任命马云为 2010 年 ABAC 行动计划和 APEC 资源工作委员会（ABAC ACTION PLAN AND APEC RESOURCES WORKING COMMITTEE）主席。2010 年 4 月 16 日，马云加入大自然保护协会（TNC）全球董事会。

2013 年 5 月 10 日，马云正式卸任阿里巴巴集团 CEO，陆兆禧接替马云出任阿里巴巴集团首席执行官。2013 年 5 月 11 日，马云出任 TNC 中国理事会主席。

2013 年 5 月 28 日，阿里巴巴集团联合银泰集团、复星集团、富春集团、顺丰、中通、圆通、申通、韵达等多家民营快递企业联合成立菜鸟网络科技有限公司，并同时启动中国智能骨干网（CSN）项目建设，马云出任菜鸟网络科技有限公司董事长。2014 年 9 月 19 日，阿里巴巴集团于纽约证券交易所正式挂牌上市。2015 年 10 月 23 日，《2015 信中利・胡润 IT 富豪榜》发布，51 岁的马云及其家族以 1 350 亿元资产蝉联中国 IT 业首富，在 13 年里财富增长 540 倍。2016 年 10 月 27 日，2016 福布斯中国富豪榜公布，马云以 282 亿美元财富，排名第二位。2017 年 3 月 7 日，获得 2017 胡润全球富豪榜大中华区第二名。2018 年 2 月 28 日，胡润研究院发布《2018 胡润全球富豪榜》，马云及其家族财富 2 000 亿元位列大中华区第四，全球第 26 位。

2018 年 4 月 25 日，马云获第十五届中国慈善榜年度慈善家称号；8 月 29 日，不再任支付宝（中国）信息技术有限公司法人；9 月 10 日，马云发出公开信，宣布在 2019 年 9 月 10 日，不再担任集团董事局主席，届时由现任集团 CEO 张勇接任。9 月，马云入选世界最具影响力十大华商人物榜。10 月 10 日，胡润研究院发布 2018 胡润百富榜名单，马云家族以 2 700 亿元登顶中国首富。10 月 25 日，福布斯发布了 2018 福布斯中国 400 富豪榜，马云以 2 387.4 亿元回归榜首。11 月 26 日，入选 100 名改革开放杰出贡献拟表彰对象公示名单。

国人评价马云多是觉得他是一个神话般的人物，是中国的骄傲。而外媒评价马云，则是觉得他是一个像沃伦・巴菲特一样智慧的人。

沃伦・巴菲特（Warren Buffett，1930 年 8 月 30 日—），全球著名的投资商，生于美国内布拉斯加州的奥马哈市。从事股票、电子现货、基金行业。

1941 年，刚刚跨入 11 周岁，他便跃身股海，并购买了平生第一张股票。1947 年，沃伦・巴菲特进入宾夕法尼亚大学攻读财务和商业管理。但他觉得教授们的空头理论不过瘾，两年后转学到内布拉斯加大学林肯分校，一年内获得了经济学学士学位。1950 年巴菲特申请哈佛大学被拒之门外，考入哥伦比亚大学商学院，拜师于著名投资学理论学家本杰明・格雷厄姆。在格雷厄姆门下，巴菲特如鱼得水。格雷厄姆反对投机，主张通过分析企业的赢利情况、资产情况及未来前景等因素来评价股票，他传授给巴菲特丰富的知识和诀窍。

1951 年，21 周岁的巴菲特获得了哥伦比亚大学经济学硕士学位。学成毕业的时候，他获得最高 A+。1957 年，巴菲特成立非约束性的巴菲特投资俱乐部，掌管的资金达到 30 万美元，到年末则升至 50 万美元。1962 年，巴菲特合伙人公司的资本达到了 720 万美元，其中有 100 万美元是属于巴菲特个人的。当时他将几个合伙人企业合并成一个“巴菲特合伙人有限公司”。1968 年巴菲特公司的股票取得了它历史上最好的成绩：增长了 46%，而道·琼斯指数才增长了 9%。巴菲特掌管的资金上升至 10 400 万美元，其中属于巴菲特的有 2 500 万美元。

1972 年，巴菲特又盯上了报刊业，因为他发现拥有一家名牌报刊，就好似拥有一座收费桥梁，任何过客都必须留下买路钱。1973 年开始，他偷偷地在股市上蚕食《波士顿环球》和《华盛顿邮报》，他的介入使《华盛顿邮报》利润大增，每年平均增长 35%。10 年之后，巴菲特投入的 1 000 万美元升值为两个亿。1980 年，他用 1.2 亿美元，以每股 10.96 美元的单价，买进可口可乐 7%的股份。到 1985 年，可口可乐改变了经营策略，开始抽回资金，投入饮料生产。其股票单价已涨至 51.5 美元，翻了 5 倍。至于巴菲特赚了多少，其数目足以让全世界的投资家咋舌。1992 年中，巴菲特以每股 74 美元购下 435 万股美国高技术国防工业公司——通用动力公司的股票，到年底股价上升到 113 美元。巴菲特在半年前拥有的 32 200 万美元的股票已值 49 100 万美元了。2000 年 3 月，巴菲特成为 RCA 注册分析师公会荣誉会长。

2006 年 6 月，巴菲特承诺将其资产捐献给慈善机构，其中 85%将交由盖茨夫妇基金会来运用。巴菲特的慈善捐赠，创下了美国有史以来的捐赠纪录。2016 年 9 月 22 日，彭博全球 50 大最具影响力人物排行榜，沃伦·巴菲特排第 9 名。12 月 14 日，荣获“2016 年最具影响力 CEO”荣誉。2017 年 3 月 20 日福布斯公布了 2017 年度全球富豪榜，巴菲特排名第二。2018 年 2 月 28 日，胡润研究院发布 2018 胡润全球富豪榜，巴菲特以 6 450 亿元保持第二位。

典型人物事迹感想：
典型人物工匠精神总结凝练：

任务 1：单、复利终值和现值的计算

在师傅指导带领下，梳理项目已有资料，合理分析公司的任务，计算项目现值或终值。

【任务目标与质量要求】

准确分析任务，选用适宜的方法计算项目现值或终值。要求在整个项目中能够迅速并且准确地提供现值或终值的计算结果。

【学习产出目标】

1. 熟练判断项目现值与终值；
2. 选择适宜的方法准确计算项目现值与终值。

【工作程序与方法要求】

步骤	内容	要求
● 确定业务已有资料	梳理业务现有资料： ①业务存续时间 n，即计息期数（常以年为单位）。 ②业务当前无风险利率 i（一般为银行同期年利率）。 ③其他业务已知情况。	要求：准确完整梳理业务已有资料，做到事先有准备。
● 分析业务需求	分析目标业务预期计算成果： ①确定目标业务所求为现值（P）还是终值（F）。 ②确定业务分析方法是单利还是复利。 ③确定与业务匹配系数表中对应的系数。	要求：快捷准确确定业务需求与分析方法。
● 计算现金流量	①单利终值的计算。 $F=P\cdot(1+i\cdot n)$ ②单利现值的计算。 $P=F\div(1+i\cdot n)$ ③复利终值的计算。 $F=P\cdot(1+i)^n=P\cdot(F/P,\ i,\ n)$ ④复利现值的计算。 $P=F\div(1+i)^n=F\times\frac{1}{(1+i)^n}=F\cdot(P/F,\ i,\ n)$	要求：熟练计算现值与终值

【业务知识】

资金的时间价值是指资金随着时间的推移而发生的增值，即资金在不同时点上的不同价值。如果银行存款利率为 2%，将 100 元存入银行，一年后，可从银行取得 102 元，增值 2 元，就是资金的时间价值，或者叫作利息。

资金之所以具有时间价值，是因为资金持有者将资金用于了投资，资金必须经历一定时间的投资和再投资，才会产生时间价值。资金时间价值的实质是资金周转使用后的增值额。如果不存在风险和通货膨胀，投资收益就是资金的时间价值。由于企业投资至少要取得社会平均利润率，因此，资金的时间价值通常是指没有风险和没有通货膨胀条件下的社会平均资金利润率。

资金时间价值有两种表示方式：一种是绝对数，即资金在周转使用中的增加额，即利息；另一种是相对数，即增加额占投入资金的比例，即利率。通常人们习惯用相对数来表示资金的时间价值。

【工作任务】

【任务 1】 存入银行 10 000 元，存期 3 年，年利率为 2%，在单利计息条件下，3 年后的本利为多少？

【任务分析】 单利 3 年后的终值为：10 000×(1+2%×3)=10 600(元)。

【任务 2】 ××希望 3 年后从银行取出 10 000 元，若银行年利率为 2%，在单利计息条件下，现在应存入多少？

【任务分析】 单利的现值：10 000÷(1+2%×3)=9 433.96(元)。

【任务 3】 ××将 10 000 元现金存入银行，若存款利率为 2%，在复利计息条件下，3 年后可取出多少钱？

【任务分析】 复利求终值，查复利终值系数表，$(F/P,\ 2\%,\ 3)=1.0612$

$F=P\cdot(F/P,\ 2\%,\ 3)=10000\times1.0612=10612$（元）。即 3 年后可取出 10 612 元。

【任务 4】 ××希望 3 年后从银行取出 10 000 元，若银行年利率为 2%，现在应存入多少钱？

【任务分析】 复利求现值，查复利现值系数表，$(P/F,\ 2\%,\ 3)=0.9423$，

$P=F\cdot(P/F,\ 2\%,\ 3)=10000\times0.9423=9423$(元)。即现在应存入 9 423 元。

【业务经验】

一般投资项目如无特殊说明，均是研究复利情况下现金流量的现值或者终值。在业务分析过程中我们需要注意期数 n 与利率 i 时间上的一致性，即月利率对应期数为月，年利率对应期数为年。当计息期与利率 i 不一致时，我们需要先进行调整，再进行业务分析计算。

【工作任务实施记录与评价】

1. 单利现值计算

师傅指导记录	计算准确性评价	评价成绩
		   年　月　日

2. 单利终值计算

师傅指导记录	计算准确性评价	评价成绩
		   年　月　日

3. 复利现值计算

师傅指导记录	计算准确性评价	评价成绩
		   年　月　日

4. 复利终值计算

师傅指导记录	计算准确性评价	评价成绩

5. 学徒关键职业能力及职业品质、工匠精神评价

项目	A	B	C	D
工作态度				
吃苦耐劳				
团队协作				
沟通交流				
学习钻研				
认真负责				
诚实守信				

任务 2：年金终值和年金现值的计算

在师傅指导带领下，确定年金类型，熟练计算出普通年金现值、普通年金终值，预付年金现值、预付年金终值，递延年金现值，递延年金终值、永续年金现值。

【任务目标与质量要求】

准确分析任务，熟练判断年金类型，精准计算任务需求结果。在递延年金项目中，需要准确判断递延期，分析递延期对项目的影响。要求在整个项目中能够迅速并且准确地提供年金现值或终值的计算结果，为决策提供可靠有用的信息。

【学习产出目标】

1. 熟练判断项目年金类型；
2. 熟练计算普通年金现值与终值；
3. 熟练计算预付年金现值与终值；
4. 准确判断递延期及递延期影响；
5. 熟练计算递延年金现值与终值；
6. 熟练计算永续年金现值。

【工作程序与方法要求】

● **项目分析**

梳理业务现有资料：
①分析业务现金流是否属于年金。
②判断年金类型。
③梳理业务已知其他情况。

要求：准确判断项目年金类型。

● **分析业务需求**

分析目标业务所需计算的信息：
①确定目标业务所求为现值（P）还是终值（F）。
②确定与业务匹配的系数表中对应系数。

要求：快捷准确确定业务需求。

● **计算现值与终值**

①普通年金终值计算。

$$F=A\cdot\frac{(1+i)^{n}-1}{i}=A\cdot(F/A,\ i,\ N)$$

②普通年金现值计算。

$$P=A\cdot\frac{1-(1+i)^{-n}}{i}=A\cdot(P/A,\ i,\ n)$$

③预付年金终值。
$F=A\cdot(F/A, i, n)\cdot(1+i)$
④预付年金现值。
$P=A\cdot(P/A, i, n)\cdot(1+i)$
⑤递延年金终值。
$F=A\cdot(F/A, i, n-m)$
⑥递延年金现值。
$P=A\cdot(P/A,i,n)-A\cdot(P/A,i,m)$
或 $P=A\cdot(P/A,i,n-m)\cdot(P/F, i, m)$
⑦永续年金现值。
$P=A/i$

要求：熟练计算年金现值与终值

【业务知识】

年金（Annuity）是指在一定时期内每次等额收付的系列款项，通常以符号 A 表示。如折旧、定期支付的租金、保险费、养老金、分期付款赊购、分期偿还贷款等。

年金按其收付时点和方式的不同分为普通年金、预付年金、递延年金及永续年金。

普通年金又称后付年金，是指发生在每期期末的等额收付款项。预付年金又称即付年金，是指发生在每期期初的等额收付款项；与普通年金的区别仅在于付款时间的不同，它是在每期期初收付款项。递延年金是普通年金的特殊形式，是指第一次收付款发生的时间不在第一期末，而是间隔若干期后才发生的系列等额收付款项。永续年金是无限期等额收付的特种年金，是普通年金的特殊形式。

【工作任务】

【任务1】 ××公司5年内每年年末向银行贷款100万元，贷款年利率为5%，该公司5年后应付本息的总额是多少？

【任务分析】 由于是每年年末，所以是普通年金求终值，查年金终值系数表，$(F/A, 5\%, 5)=5.525\,6$

$F=A\cdot(F/A, 5\%, 5)=100\times5.525\,6=552.56$ 万元。5年后应还本息总额为552.56万元。

【任务2】 ××公司计划于5年后一次还清所欠债务100万元，假定银行利息率为3%，则从现在起应每年末等额存入银行多少钱？

【任务分析】 此项任务求年金，查年金终值系数表，$(F/A, 3\%, 5)=5.309\,1$

由于 $F=A\cdot(F/A, 3\%, 5)=100$，则 $A=100\div(F/A, 3\%, 5)100\div5.309\,1=18.835\,6$(万元)

即每年应存18.835 6万元。

【任务3】 ××公司租入一台设备，每年年末需要支付租金100万元，年折现率为10%，5年内应支付的租金总额的现值是多少？

【任务分析】 已知年金求现值，查年金现值系数表，$(P/A, 10\%, 5)=3.790\,8$

$P=100\times(P/A, 10\%, 5)=100\times3.790\,8=379.08$ 万元。5年内支付租金总额的现值为379.08万元。

【任务4】 ××计划投资某项目，该项目需投入资金1 000万元，项目寿命为8年，若投资报酬率为8%，要想在8年内全部收回投资，每年末应收回的金额为多少？

【任务分析】 此任务要求资本回收额，查年金现值系数表，$(P/A, 8\%, 8)=5.746\,6$

$P=A\cdot(P/A, 8\%, 8)=1\,000$，则 $A=1\,000\div(P/A, 8\%, 8)=1\,000\div5.746\,6=174.015\,9$ 万元。

即每年年末应收回174.015 9万元。

【任务5】 ××企业职工计划每年年初在银行存入10 000元，连续存入5年，假设银行存款利率为3%，则5年年末一次取得的本息总额是多少？

【任务分析】 由于是年初存入，所以是先付年金求终值，查普通年金终值系数表，$(F/A, 3\%, 5)=5.309\,1$

$F=A\times(F/A,i,n)\times(1+i)=A\times(F/A,3\%,5)\times(1+3\%)=10\,000\times5.309\,1\times(1+3\%)=54\,683.73$(元)。

第5年年末一次取得本息额为54 683.73万元。

【任务6】 ××公司租用设备一台，每年年初支付租金5万元，租期为6年，假设年利率为3%，该公司相当于现在一次性支付多少现金？

【任务分析】 先付年金求现值，查普通年金现值系数表，(P/A，3%，6)=5.417 2

$P=A\times(P/A, i, n)\times(1+i)=5\times(P/A, 3\%, 6)\times(1+3\%)=5\times5.4172\times(1+3\%)=27.8986$(万元)

【任务7】 ××公司融资租赁一台设备，协议中约定从第4年年末开始，连续6年每年年末支付租金5 600元，若年利率为10%，则相当于现在一次性支付的金额为多少？

【任务分析】 此项目属于递延年金求现值，

方法一：$P=5600\times[(P/A, 10\%, 9)-(P/A, 10\%, 3)]$

$=5600\times(5.759-2.4869)=18324$(元)

方法二：$P=5600\times(P/A, 10\%, 9-3)(P/F, 10\%, 3)$

$=5600\times4.3553\times0.7513=18324$(元)

【任务8】 ××高校计划建立一项永久性奖学金，每年计划颁发10 000元奖金，若利息率为5%，则现在应当存入多少钱？

【任务分析】 永续年金求现值，$P=A/i=10000\div5\%=200000$元

【业务经验】

在实际工作中，需要区分年金的种类，收支在年初的是预付年金，年末的是普通年金，有间隔的是递延年金。在年金类型中，只有永续年金没有终值只有现值，其他年金均有现值和终值。

【工作任务实施记录与评价】

1. 年金类型分析

师傅指导记录	分析准确性评价	评价成绩
		年 月 日

2. 普通年金终值计算

师傅指导记录	计算准确性评价	评价成绩
		年　月　日

3. 普通年金现值计算

师傅指导记录	计算准确性评价	评价成绩
		年　月　日

4. 预付年金终值计算

师傅指导记录	计算准确性评价	评价成绩

5. 预付年金现值计算

师傅指导记录	计算准确性评价	评价成绩

6. 递延年金终值计算

师傅指导记录	计算准确性评价	评价成绩

7. 递延年金现值计算

师傅指导记录	计算准确性评价	评价成绩

8. 永续年金现值计算

师傅指导记录	计算准确性评价	评价成绩

9. 学徒关键职业能力及职业品质、工匠精神评价

项目	A	B	C	D
工作态度				
吃苦耐劳				
团队协作				
沟通交流				
学习钻研				
认真负责				
诚实守信				

任务3：风险价值观念

在师傅指导带领下，能够正确认识风险，计算项目期望值、标准差、标准离差率，准确评价项目风险报酬，准确衡量项目风险报酬率。

【任务目标与质量要求】

能够正确认识评估风险，通过分析项目期望值、标准差、标准离差率，准确判断项目风险程度，熟练计算项目风险报酬率与期望报酬率。

【学习产出目标】

1. 熟知风险特征；
2. 准确计算项目期望值、标准差、标准离差率；
3. 准确判断项目风险程度；
4. 熟练计算项目风险报酬率。

【工作程序与方法要求】

● 计算项目期望收益

期望收益是某一方案各种可能的收益，以其相应的概率为权数进行加权平均所得到的数值，也称预期收益，它是反映随机变量取值的平均化。一般用 K 表示，计算公式：

$$\bar{K}=\sum_{i=1}^{n}P_iK_i$$

要求：准确计算项目期望收益

● 计算项目标准差和标准离差率

1. 标准差也叫均方差，是反映各种概率下的报酬偏离期望值的综合差异，是反映离散程度的一种量度。通常以符号σ表示，标准差计算公式：

$$\sigma=\sqrt{\sum_{i=1}^{n}(K_i-\bar{K})^2\cdot P_i}$$

2. 标准离差率是标准差与期望值的比值，用于期望值不同的各投资项目风险程度的评价。通常用符号 V 表示，其计算公式：

$$V=\frac{\sigma}{\bar{K}}\cdot 100\%$$

要求：准确计算项目标准差与标准离差率

● 计算项目风险报酬率与投资报酬率

1. 风险报酬率的计算公式：

$$R_r=b\cdot V$$

式中，R_r 为风险报酬率；b 为风险价值系数；V 为标准离差率。

2. 投资报酬率计算公式：

$K=R_f+b\cdot V=$无风险报酬率＋风险报酬率

式中：K 为期望投资报酬率；R_f 为无风险报酬率；b 为风险报酬系数；V 为标准离差率。

要求：熟练计算项目风险报酬率及投资报酬率

【业务知识】

1. 认识风险

风险一般是指某一行动的结果具有多样性。例如，金利公司准备投资 100 万元，有两种方案可供选择。方案一：购买 3 年期单利计息国库券，年利率 5%，到期可取出 115 万元，这一投资基本没有风险（即只有一个结果）。方案二：开发一种新产品，如果销路好，可盈利 1 000 万元，出现的概率为 45%；如果销路不好，将亏损 20 万元，出现的概率为 55%。显然，这一投资的结果具有多种可能而且不确定，就叫作有风险。风险客观存在，广泛影响着企业的财务和经营活动，因此，正视风险并将风险程度予以量化，成为企业财务管理中的一项重要工作。衡量风险大小需要使用概率和统计方法。

2. 概率分布

在现实生活中，某一事件在完全相同的条件下可能发生也可能不发生，既可能出现这种结果又可能出现那种结果，我们称这类事件为随机事件。概率就是用百分数或小数来表示随机事件发生可能性及出现某种结果可能性大小的数值。通常，把必然发生的事件的概率定为 1，把不可能发生的事件的概率定为 0，而一般随机事件的概率是介于 0 与 1 之间的一个数。概率越大就表示该事件发生的可能性越大。

3. 期望收益

期望收益是某一方案各种可能的收益，以其相应的概率为权数进行加权平均所得到的数值，也称预期收益，它是反映随机变量取值的平均化。

4. 标准差

标准差也叫均方差，是反映各种概率下的报酬偏离期望值的综合差异，是反映离散程度的一种量度。

5. 标准离差率

标准离差率是标准差与期望值的比值，用于期望值不同的各投资项目风险程度的评价。

标准离差率越大，表明离散程度越大，风险越大；反之，标准差率越小，风险越小。无论备选方案期望收益是否相同，均可采用标准离差率来衡量风险，进行决策。

6. 风险报酬

企业进行投资活动会取得一定的投资报酬。一般而言，投资报酬包括两部分：一是资金的时间价值；二是风险价值。其中资金的时间价值前已述及，它是在没有风险和通货膨胀条件下的社会平均利润率；而投资风险价值则是指由于冒风险进行投资而获得的额外报酬，又称为投资风险收益或投资风险报酬。

投资的风险报酬有两种表示方式：一种是绝对数，即风险报酬额，是指由于因冒风险进行投资而获得的超过时间价值的额外报酬；另一种是相对数，即风险报酬率，是指额外报酬占原投资额的百分比。通常用风险报酬率来表示风险报酬。

7. 风险报酬的计量

风险报酬系数（b）取决于投资者对风险的偏好。对风险的态度越是回避，要求的补偿也就越高，因而要求的风险报酬就越高，所以风险报酬系数（b）的取值也就越大；反之，对风险的容忍程度越高，则说明风险承受能力越强，那么要求的风险补偿也就没那么高，所以风险报酬系数（b）的取值就会越小。

8. 期望投资报酬率的计量

风险与报酬的关系是风险越大要求的报酬率越高。

风险报酬的计算关键是风险报酬系数（b）的确定。风险报酬系数是个经验数据，它可以根据对历史资料的分析、统计回归、专家评议获得，或者由政府等专门机构公布。投资无风险报酬率（R_f）是纯粹利率与通货膨胀补偿率之和。通常，把国家发行的公债或国库券的利率称为没有风险的报酬率。

【工作任务】

西域公司拟对外投资，现有 A 公司、B 公司股票的有关收益资料如下，假设无风险报酬率为 5%，股票投资的风险报酬系数为 0.2，试分析其风险的大小并计算风险报酬率与期望投资报酬率。

A、B 公司股票收益概率分布表

经济情况	事件发生的概率 P_i	A 公司收益率 K_A	B 公司收益率 K_B
繁荣	0.2	40%	70%
一般	0.6	20%	20%
衰退	0.2	0%	−30%
合计	1.0	—	—

【任务分析】:

1. 计算项目期望值

A 公司期望值$\overline{K_A}=40\%\times0.2+20\%\times0.6+0\%\times0.2=20\%$

B 公司期望值$\overline{K_B}=70\%\times0.2+20\%\times0.6+(-30\%)\times0.2=20\%$

2. 计算项目标准差

A 公司股票的标准离差 σ 为

$$\sigma=\sqrt{(40\%-20\%)^2\times0.2+(20\%-20\%)^2\times0.6+(0\%-20\%)^2\times0.2}=12.65\%$$

同理可以计算 B 公司股票的标准离差 $\sigma=31.62\%$

因为 A 股票的标准离差小于 B 股票的标准离差，所以在期望收益均为 20%的条件下，A 股票的风险程度小于 B 股票。

3. 标准离差率

A 公司股票的标准离差率 $V=12.56\%/20\%=0.628$

B公司股票的标准离差率 V=31.62%/20%=1.581

可见，A股票的标准离差率小于B股票的标准离差率，即A股票的风险程度小于B股票。

4. 风险报酬率与期望投资报酬率

A公司股票的风险报酬率=0.2×0.628×100%=12.56%

A公司股票的期望投资报酬率=5%+12.56%=17.56%

B公司股票的风险报酬率=0.2×1.581×100%=31.62%

B公司股票的期望投资报酬率=5%+31.62%=36.62%

由计算结果可见，由于B公司股票的风险程度大于A公司股票，按理论上计算出来的B公司股票的风险报酬率和期望投资报酬率就高于A公司。

【业务经验】

1. 标准差与风险有什么关系?

标准差反映不同概率下报酬或报酬率偏离期望值的程度；标准差越大，表明离散程度越大，风险越大；标准差越小，表明离散程度越小，风险也就越小。

值得注意的是，标准差的大小会因期望值的不同而发生变化，只能用于期望值相同时不同方案的决策。如果各方案期望值不同，标准差指标将失去可比基础。为克服这一缺陷，当各方案期望值不同时，通过计算各方案标准离差率来进行比较。

2. 如何运用标准差与标准离差率对投资方案进行选择?

对于单个方案，期望值相同的情况下可以根据标准差进行比较，同时设定可接受的标准差最高限值，低于最高限值的可以考虑选择。在期望值不同的情况下通过标准离差率进行比较。对于多方案择优，一般准则应是选择高收益低风险的方案，即选择标准差最低、期望值最高的方案。但是，高收益方案往往伴随着高风险，低收益方案其风险程度往往也较低。因此，对投资方案选择时，不仅要权衡期望值与风险，而且还要根据决策者对待风险的态度而定。喜欢冒险的人可能选择高风险高收益的方案，谨慎的人可能选择低风险低收益的方案。

3. 如何对风险进行分类

我们按风险能否分散分为不可分散风险和可分散风险，按风险形成的原因分为经营风险与财务风险。

经营风险是指企业因经营上的原因导致利润变动的不确定性。如原材料价格变动、市场销售因素、生产成本因素等变动，使得企业的收益变得不确定。经营风险是不可避免的。

财务风险也叫筹资风险，是指因借款或发行优先股而增加的风险，是筹资决策带来的风险。因为借款的利息和优先股股利固定，当企业经营状况不佳时，将导致企业所有者收益下降甚至无法按期支付利息或优先股股利，影响偿债能力。财务风险是可避免的，如果企业不举债也不发行优先股，则企业就没有财务风险。

【工作任务实施记录与评价】

1. 期望值计算

师傅指导记录	计算准确性评价	评价成绩
		年　月　日

2. 标准差计算

师傅指导记录	计算准确性评价	评价成绩
		年　月　日

3. 标准离差率计算

师傅指导记录	计算准确性评价	评价成绩
		年　月　日

4. 风险报酬率与期望投资报酬率计算

师傅指导记录	计算准确性评价	评价成绩

5. 学徒关键职业能力及职业品质、工匠精神评价

项目	A	B	C	D
工作态度				
吃苦耐劳				
团队协作				
沟通交流				
学习钻研				
认真负责				
诚实守信				

任务4：银行借款筹资分析

在师傅指导带领下，明确筹集负债性资金的方式，计算不同信用条件下企业需要支付的费用或实际利率，计算不同支付方式下银行的实际借款利率。

【任务目标与质量要求】

准确分析计算出不同信用条件和支付方式下的实际借款利率。

【学习产出目标】

1. 熟练计算不同信用条件下企业实际借款金额；
2. 熟练计算不同支付方式下企业实际借款利率。

【工作程序与方法要求】

● 确定银行借款的信用条件	银行借款的信用条件。 ①信用额度。信用额度是借款企业与银行在协议中规定的借款最高限额。 ②周转信用协议。周转信用协议是金融机构与企业签订的一种正式的最高限额的借款协议。 ③补偿性余额。补偿性余额是银行要求借款企业在银行中保留一定数额的存款余额，一般为借款的 10％～20％，其目的是降低银行贷款风险，但它提高了借款的实际利率，加重了借款企业的利息负担。	要求：确定银行借款信用条件，准确计算实际借款金额。

● 确定银行借款利息的支付方式	银行借款利息的支付方式。 ①收款法。又称利随本清法，即借款利息在借款到期时一次性支付。采用这种方法支付利息，借款的名义利率（约定利率）与实际利率相符。 ②贴现法。采用该法时，银行在向企业发放贷款时，预先从本金中扣除借款利息，将剩余部分发放给企业，而到期时，借款企业则须偿还全部本金。这种利息支付方式，可以减少银行贷款的风险，但企业借款的实际利率高于名义利率。 ③加息法。即企业分期偿还贷款，银行仍按照贷款总额和名义利率计算利息。采用该方法时，实际利率是名义利率的两倍。	要求：准确计算不同利息支付方式下企业借款的实际利率。

【业务知识】

1. 银行借款种类

银行借款是企业为解决资金需要而向银行等金融机构借入的款项，是目前企业筹集资金的主要方式。

（1）按借款期限长短可分为短期借款和长期借款。短期借款是企业向银行等金融机构借入的，期限在 1 年以内（含 1 年）的借款。长期借款是指借款期限在 1 年以上的借款。

（2）按借款有无担保可分为信用借款和担保借款。信用借款是指以借款人的信誉为依据而获得的借款，企业取得这种借款，无须以财产作抵押；担保借款是指以一定的财产作抵押或以一定的保证人作担保为条件所取得的借款。

（3）按借款用途可分为基本建设借款、专项借款和流动资金借款。基本建设借款是指企业为新建、改建、扩建等基本建设项目需要而借入的款项；专项借款是指企业为专门用途而向银行申请借入的款项，如科研开发、大修理借款等；流动资金借款是指企业为满足流动资金的需求而向银行申请借入的款项，如生产周转借款、结算借款等。

2. 银行借款的信用条件

银行借款的信用条件有以下几种。

（1）信用额度。信用额度是借款企业与银行在协议中规定的借款最高限额。在信用额度内，企业可以随时按需要向银行借款。信用额度的有效期限通常为一年，但也可以延期一年。

（2）周转信用协议。周转信用协议是金融机构与企业签订的一种正式的最高限额的借款协议。在协议有效期内，只要企业的借款总额未超过协议规定的最高限额，金融机构必须满足企业提出的借款要求，对周转信用协议负法律义务，而借款企业必须就借款限额未使用部分向金融机构支付承诺费。

（3）补偿性余额。补偿性余额是银行要求借款企业在银行中保留一定数额的存款余额，一般为借款的 10%～20%，其目的是降低银行贷款风险，但它提高了借款的实际利率，加重了借款企业的利息负担。

3. 企业向银行借款的程序

（1）企业提出借款申请。企业要向银行借款，首先应提出申请，填写包括借款金额、借款用途、偿还能力、偿还方式等内容的《借款申请书》，并提供借款人的基本情况、上年度的财务报告等资料。

（2）银行审查借款申请。银行接到借款申请后，应对企业的申请进行审查，审查的内容有：

①对借款人的信誉等级进行评估。评估可由银行独立进行，内部掌握，也可委托独立的信誉评定机构进行评估。

②对贷款人进行调查。银行应对贷款人的信用，借款的合法性、安全性及盈利性进行调查，还要核实抵押物、保证人情况，测定贷款风险。

③贷款审批。银行一般都建立了审贷分离、分级审批的贷款管理制度。审查人员应对调查人员提供的资料，认真进行审查，决定是否提供贷款。

（3）签订借款合同。为了维护借贷双方的合法权益，企业与银行应签订借款合同。合同的内容主要有：

①基本条件。基本条件主要是规定双方的权利和义务，具体包括数额、方式、发放时间、还款期限、利率及利息的支付方式等。

②保证条款。保证条款包括借款按规定的用途使用、有关的物资保证、抵押财产、担保人及其责任等。

③违约条款。该条款主要载明对企业逾期不还或挪用贷款如何处理和银行不按期发放贷款的处理。

④其他附属条款。包括双方经办人、合同生效日期等。

（4）企业取得借款。双方签订合同后，银行应按合同规定的日期向企业发放贷款。

（5）借款的归还。企业取得借款后，应按合同规定按时、足额归还借款本息。

银行借款的基本程序如下图所示。

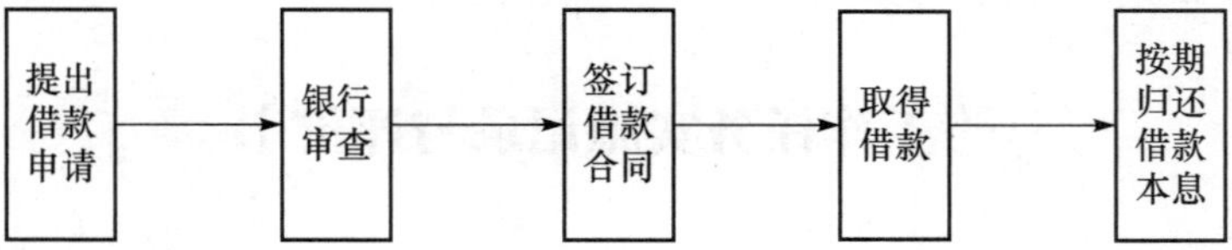

【工作任务】

【任务 1】 ××企业与银行商定的周转信用协议额度为 200 万元，承诺费率为 2%，该企业本年度内实际借款额为 160 万元。试计算该企业应向银行支付多少承诺费用？

【任务分析】 应支付的承诺费＝(200－160)×2%＝0.8(万元)

【任务 2】 ××企业按年利率 6%向银行贷款 100 万元，银行要求企业保留 15%的补偿性余额。试计算企业实际可动用的借款额及借款的实际利率。

【任务分析】 企业实际可动用的借款额＝100－100×15％＝85(万元)

企业实际借款利率＝100×6％÷85＝7.06％

【任务3】 ××企业按年利率6％向银行贷款100万元，借款期限为1年。试分别用收款法、贴现法和加息法三种利息支付方式计算实际利息率。

【任务分析】 采用收款法时，企业实际利率＝100×6％÷100＝6％

采用贴现法时，企业实际利率＝100×6％÷(100－100×6％)＝6.38％

采用加息法时，若企业分月平均归还借款本息，企业实际使用的借款额只有50万元（100÷2），但年息仍为6万元（100×6％），则实际利率＝6÷50×100％＝12％，即是名义利率的2倍。

【业务经验】

1. 银行借款利息的支付方式

（1）收款法。又称利随本清法，即借款利息在借款到期时一次性支付。采用这种方法支付利息，借款的名义利率（约定利率）与实际利率相符。

（2）贴现法。采用该法时，银行在向企业发放贷款时，预先从本金中扣除借款利息，将剩余部分发放给企业，而到期时，借款企业则须偿还全部本金。这种利息支付方式，可以减少银行贷款的风险，但企业借款的实际利率高于名义利率。

（3）加息法。即企业分期偿还贷款，银行仍按照贷款总额和名义利率计算利息。采用该方法时，实际利率是名义利率的两倍。

2. 银行借款筹资的优缺点

银行作为债权人，不参与企业的经营管理，有利于保障企业的控制权；借款利率相对于债券、股票等，利率较低，筹资成本低；企业与银行直接洽谈借款事宜，协商借款条款，灵活性大；借款利息费用固定，具有财务杠杆作用。但是，银行借款金额有限，筹资数量受限；银行为降低贷款风险，往往对企业提出许多不利的限制条款；定期付息，到期还本，企业财务压力和财务风险较大。

【工作任务实施记录与评价】

1. 银行借款信用条件分析

师傅指导记录	计算准确性评价	评价成绩
		年 月 日

2. 银行借款实际利率计算

师傅指导记录	计算准确性评价	评价成绩
		  年　月　日

3. 学徒关键职业能力及职业品质、工匠精神评价

项目	A	B	C	D
工作态度				
吃苦耐劳				
团队协作				
沟通交流				
学习钻研				
认真负责				
诚实守信				

任务 5：发行债券筹资方式分析

在师傅指导带领下，准确分析企业以发行公司债券筹资方式筹资时的额度。

【任务目标与质量要求】

准确计算发行公司债券额度。

【学习产出目标】

熟练计算公司发行债券筹资额度。

【工作程序与方法要求】

● 确定公司净资产	确定公司是否符合债券发行条件，尤其是确定净资产数额。股份有限公司的净资产不低于人民币 3 000 万元，有限责任公司的净资产不低于人民币 6 000 万元。	要求：准确确定公司净资产数额

● 确定公司债券筹资额度	根据规定：累计债券余额不超过公司净资产的 40%。准予发行数额扣除已发行债券数额即为企业应发行债券数额。	要求：准确计算发行数额

【业务知识】

债券是社会各类经济主体为筹集负债资金而向投资人出具的，承诺按一定利率定期支付利息，到期偿还本金的债权债务凭证。

1. 债券的种类

债券常用分类方式有以下几种。

（1）按债券是否记名，可以分为记名债券和无记名债券。记名债券是指在债券上记载债权人姓名或名称的债券。无记名债券是指在债券上不记载债权人姓名或名称的债券。记名债券转让时，转让人须在债券上背书；无记名债券转让时，交付债券即发生转让的法律效力。

（2）按债券是否可转换为股票，分为可转换债券与不可转换债券。可转换债券是指可以转换成公司股票的债券。可转换债券在发行时规定了转换为公司股票的条件与办法，当条件具备时，债券持有人拥有将公司债券转换为公司股票的选择权。不可转换债券是指不能转换为公司股票的债券。凡在发行时未作转换约定的，均为不可转换公司债券。

2. 债券的发行条件

我国公司法规定，公开发行公司债券，应当符合下列条件。

（1）股份有限公司的净资产不低于人民币 3 000 万元，有限责任公司的净资产不低于人民币 6 000 万元。

（2）累计债券余额不超过公司净资产的 40%。

（3）最近 3 年平均可分配利润足以支付公司债券 1 年的利息。

（4）筹集的资金投向符合国家产业政策。

（5）债券的利率不超过国务院限定的利率水平。

（6）国务院规定的其他条件。

公开发行公司债券筹集的资金，必须用于核准的用途，不得用于弥补亏损和非生产性支出。上市公司发行可转换为股票的公司债券，除应当符合上述条件外，还应当符合关于公开发行股票的条件，并报国务院证券监督管理机构核准。

【工作任务】

【任务 1】 ××股份有限公司 2015 年 2 月获准发行 3 年期公司债券 8 000 万元，1 年期公司债券 4 000 万元。2017 年 5 月，该公司鉴于到期债券已偿还且具备再次发行公司债券的条件，拟再次发行公司债券。经审计该公司净资产额为 3 亿元。试分析该公司此次发行公司债券额最多是多少？

【任务分析】 最多为4 000万元。公司累计债券余额不超过公司净资产的40%，即3亿元的40%，为12 000万元，该公司尚有未到期债券8 000万元，因此，最多再发行4 000万元。

【任务2】 分析债券筹资的优缺点？

【任务分析】 优点：债券利息可以在税前列支，相对于股票筹资，其资金成本低；债券持有人无权干涉企业的经营管理，不会影响企业的控制权；具有财务杠杆效应。

缺点：承担到期还本付息义务，筹资风险较高；债券持有人为降低风险，往往在债券合同中签订保护性条款，限制条件多；相对于股票筹资，其筹资数量受限。

【业务经验】

企业在筹集资金的过程中，是不是筹集金额越多越好呢？

显然并不是筹集的资金越多对企业越好。企业筹资过程中需要遵循以下原则：

（1）合理确定资金需要量。企业筹集的资金是有偿的，资金的筹集并非越多越好，应当适度。因此，企业筹资时，必须预先合理确定资金的需要量，以需定筹。

（2）及时取得资金。资金具有时间价值，同等的资金，在不同时点上具有不同的价值。企业筹集资金应当根据资金投放使用时间来合理安排，做到筹资和用资在时间上衔接。既要避免资金过早到位造成闲置，又要避免资金滞后影响企业生产经营的正常运行。

（3）慎重选择筹资渠道。不同资金来源的资金成本不同，取得资金的难易程度也不同。企业在筹集资金时，一方面要遵守国家的有关法规，选择合法的筹资渠道；另一方面要注意筹资成本，力求选择有利的筹资渠道，降低资金成本，提高筹资效益。

（4）优化资本结构。企业负债过多，会增加以后偿债压力，提高财务风险；负债过低，会错失“借鸡生蛋”的良机。因此，筹资过程中，应当合理安排借入资金的比例，力求选择最佳的资本结构。

【工作任务实施记录与评价】

1. 企业发行债券筹资额确定

师傅指导记录	计算准确性评价	评价成绩
		  年　月　日

2. 学徒关键职业能力及职业品质、工匠精神评价

项目	A	B	C	D
工作态度				
吃苦耐劳				
团队协作				
沟通交流				
学习钻研				
认真负责				
诚实守信				

任务6：商业信用筹资方式分析

在师傅指导带领下，准确分析当企业面对现金折扣选择时，是否需要享受现金折扣。

【任务目标与质量要求】

准确计算放弃现金折扣的机会成本，分析企业是否选择放弃现金折扣。

【学习产出目标】

1. 熟练计算放弃现金折扣的机会成本；
2. 为企业准确进行现金折扣选择。

【工作程序与方法要求】

步骤	方法	要求
● 确定放弃现金折扣的机会成本	1. 确定现金折扣比率 2. 确定信用期 3. 确定折扣期 4. 确定放弃现金折扣的机会成本 $放弃现金折扣成本=\frac{折扣百分比}{1-折扣百分比}\times\frac{360}{信用期-折扣期}$	要求：准确计算放弃现金折扣的机会成本。
● 分析是否放弃现金折扣	1. 放弃现金折扣 当企业为享受折扣及早付款而筹资所付出的代价大于放弃现金折扣成本时，选择放弃 2. 享受现金折扣 当企业为享受折扣及早付款而筹资所付出的代价小于放弃现金折扣成本时，选择享受。一般付款期越长，其放弃现金折扣的成本越小，但企业信用状况可能会受到影响。如选择放弃，则应在信用期的最后一天付款。	要求：合理分析是否需要放弃现金折扣。

【业务知识】

商业信用是指商品交易中以延期付款或预收货款而形成的借贷关系。商业信用是短期融资的重要形式。企业之间商业信用形式主要有应付账款、预收货款和应付票据三种。

1. 应付账款

应付账款是企业赊购商品和材料时产生的应付未付的货款。采用这种形式交易时，卖方先将商品交付买方，并允许在此后一定时期内付款，即在这段时间内，卖方向买方提供货款，这样既解决买方暂时性的资金短缺困难，又便于卖方推销商品。这种商业信用形式必须在卖方对买方信用和财务状况充分了解的基础上进行。使用时，由卖方提供信用条件。如“2/10，*N*/30”，表示如果买方在 10 天内付款可以享受到 2%的现金折扣，迟于 10 天付款，则不能享受折扣，全部货款必须在信用期 30 天内付清。

当企业为享受现金折扣及早付款而筹资所付出的代价大于放弃现金折扣成本时，选择放弃；否则，选择享受。一般付款期越长，其放弃现金折扣的成本越小，但企业信用状况可能会受到影响。如选择放弃，则应在信用期的最后一天付款。

2. 预收货款

预收货款是卖方按照合同或协议的规定，在发出商品之前，向买方预先收取货款的行为。这等于卖方向买方先借一笔资金，然后用商品偿还。当企业生产、销售的产品为市场紧俏产品，或生产周期较长、价值较高的产品时，往往采用预收货款方式。

3. 应付票据

应付票据是指企业之间根据购销合同进行延期付款交易时，开具的反映债权债务关系的票据。应付票据主要是指商业汇票，最长期限一般为 6 个月，对于买方（付款人）来说，是一种短期融资方式。应付票据可以带息，也可以不带息。其利率一般比银行借款利率低，融资成本低于银行借款成本。但应付票据到期必须偿还，如果延期，则要支付罚息，因此，风险较大。

4. 商业信用筹资的优缺点

商业信用筹资的优点：

（1）筹资方便。商业信用随商品交易自然产生，属于自然性筹资，事先不必正式规划，方便灵活。

（2）限制条件少。商业信用相比银行借款一类的筹资方式，没有复杂的手续和各种附加条件，也不需抵押担保。

（3）筹资成本低，甚至不发生筹资成本。如果没有现金折扣，或者公司不放弃现金折扣，则利用商业信用筹资不会发生筹资成本。

商业信用筹资的缺点：

（1）商业信用的时间一般较短，尤其是应付账款，则时间更短。

（2）有一定的风险。付款方如果到期不支付货款，长时间拖欠货款，势必影响公司的信誉；收款方如果较长时间不能收回货款，必然影响公司的资金周转，造成公司生产经营的困难。

【工作任务】

【任务1】 ××企业计划购入10万元的原材料，销货方提供的信用条件是“2/20，N/60”，在下列情况下，请分别做出企业是否享受现金折扣的决策。

（1）银行借款利率为12%，是否以借款来支付货款？

（2）企业有支付能力，但现有一短期投资机会，预计投资报酬率为20%，是否为享受现金折扣而放弃投资机会？

【任务分析】

$$放弃折扣的成本=\frac{2\%}{1-2\%}\times\frac{360}{60-20}=18.37\%$$

（1）由于放弃现金折扣的成本为18.37%，大于银行借款利息12%，企业应该从银行借款来支付货款，享受现金折扣。

（2）由于放弃现金折扣的成本为18.37%，小于短期投资报酬率20%，企业应放弃现金折扣。

【任务2】 分析商业信用筹资的优缺点

【任务分析】

商业信用筹资的优点：

（1）筹资方便。商业信用随商品交易自然产生，属于自然性筹资，事先不必正式规划，方便灵活。

（2）限制条件少。商业信用相对银行借款一类的筹资方式，没有复杂的手续和各种附加条件，也不需抵押担保。

（3）筹资成本低，甚至不发生筹资成本。如果没有现金折扣，或者公司不放弃现金折扣，则利用商业信用筹资不会发生筹资成本。

商业信用筹资的缺点：

（1）商业信用的时间一般较短，尤其是应付账款，则时间更短。

（2）有一定的风险。付款方如果到期不支付货款，长时间拖欠货款，势必影响公司的信誉；收款方如果较长时间不能收回货款，必然影响公司的资金周转，造成公司生产经营的困难。

【业务经验】

除了银行借款、发行债券和商业信用外，企业还能采用哪种负债资金筹资方式呢？

企业还可以利用融资租赁方式进行筹资。融资租赁，又称财务租赁，是由租赁公司按照承租企业的要求融资购买设备，并在契约或合同规定的较长期限内提供给承租企业使用的信用性业务，它是现代租赁的主要类型。承租企业采用融资租赁的主要目的是融通资金。一般融资的对象是资金，而融资租赁集融资与融物于一身，具有借贷性质，是承租企业筹集长期负债资金的一种特殊方式。

融资租赁一般由承租企业向租赁公司提出正式申请，由租赁公司融资购进设备租给承租企业使用；租赁期限较长，大多为设备耐用年限的一半以上；租赁合同比较稳定，在规定的租期内非经双方同意，任何一方不得中途解约，这有利于维护双方的利益；由承租企业负责设备的维修保养和保险，但无权自行拆卸改装；租赁期满时，按事先约定的办法处置设备，一般有退还、续租和留购三种选择，通常由承租企业留购。

融资租赁按融资资产的来源不同，可分为直接租赁、售后租回和杠杆租赁三种。

融资租赁筹资能够迅速获得所需资产。融资租赁集“融资”与“融物”于一身，一般要比先筹措现金后再购置设备来得更快，可使企业尽快形成生产经营能力，并且租赁筹资限制较少。企业运用股票、债券、长期借款等筹资方式，都受到相当多的资格条件的限制，相比之下，融资租赁筹资的限制条件很少。此外，融资租赁可免遭设备陈旧过时的风险。随着科学技术的不断进步，设备陈旧过时的风险很高，而多数租赁协议规定由出租人承担，承租企业可免遭这种风险。而且其全部租金通常在整个租期内分期支付，可适当降低不能偿付的风险。最后，租金费用可在所得税前扣除，承租企业能享受税收利益。

但是融资租赁筹资也有一些缺点。例如：成本较高，租金总额通常要高于设备价值的30%；承租企业在财务困难时期，支付固定的租金也将构成一项沉重的负担；不利于改进资产，在租赁期内，未经出租人同意，承租人一般不得随意改进所租入的资产。

【工作任务实施记录与评价】

1. 企业放弃现金折扣的计算

师傅指导记录	计算准确性评价	评价成绩
		年　月　日

2. 企业是否放弃现金折扣的分析

师傅指导记录	分析准确性评价	评价成绩
		年　月　日

3. 学徒关键职业能力及职业品质、工匠精神评价

项目	A	B	C	D
工作态度				
吃苦耐劳				
团队协作				
沟通交流				
学习钻研				
认真负责				
诚实守信				

任务 7：企业资金成本的计算

在师傅指导带领下，能够准确计算企业个别资金成本与综合资金成本，能够帮助企业正确进行筹资和投资决策。

【任务目标与质量要求】

准确计算银行借款成本率、债券成本率、优先股成本率、普通股成本率、留存收益成本率以及综合资金成本率，用比较资金成本率法确定最优资本结构。

【学习产出目标】

1. 熟练计算个别资金成本率；
2. 熟练计算综合资金成本率。

【工作程序与方法要求】

● 计算银行借款成本率	银行借款成本包括借款利息和筹资费用。其计算公式为： 银行借款成本率 =[借款年利息 ×(1- 所得税率)] ÷[借款额 ×(1-筹资费用率)]	要求：准确计算银行借款成本率。
● 计算债券资金成本率	债券成本率的计算公式为： 债券成本率 =[债券年利息 ×(1- 所得税率)] ÷[债券筹资额 ×(1-筹资费用率)]	要求：熟练计算债券资金成本率。
● 计算优先股成本率	一般假定每年支付的优先股股息相等，优先股成本率计算公式为： 优先股成本率 = 每年支付优先股股息 ÷[优先股筹资额 ×(1- 筹资费用率)]	要求：准确计算优先股成本率。
● 计算普通股成本率	普通股资金成本率计算公式为： 普通股成本率 = 预期第 1 年普通股股利额 ÷[普通股筹资额 ×(1-筹资费用率)]+ 普通股年股利增长率	要求：准确计算普通股成本率。
● 计算留存收益成本率	留存收益成本率计算公式为： 留存收益成本率 = 预期第 1 年普通股股利额 ÷ 普通股筹资额 + 普通股年股利增长率	要求：准确计算留存收益成本率。
● 计算综合资金成本率	综合资金成本率是指分别以各种资金成本为基础，以各种资金占全部资金的比重为权数计算出来的成本。其计算公式为： 综合资金成本率 =∑各个别资金成本率 × 该方式资金筹集额占总资金额的比重	要求：准确计算综合资金成本率。
● 确定最优资本结构	利用比较资金成本率法确定最优资本结构。即通过计算不同资本结构的综合资金成本率，并根据综合资金成本率的高低来确定资金结构的方法。	要求：准确确定最优资本结构。

【业务知识】

资金成本是指企业为筹集和使用资金而付出的代价。资金成本包括资金筹集费和资金使用费两部分。资金筹集费是指企业在筹措资金过程中为获取资金而支付的费用，如向银行支付的借款手续费，因发行股票、债券而支付的发行费等。它通常是在筹措资金时一次性支付的，在用资过程中不再发生。资金使用费是指企业支付给投资者的报酬。

1. 个别资金成本

主要包括银行借款成本、债券成本、优先股成本、普通股成本和留存收益成本。前两者统称为负债资金成本，后三者统称为权益资金成本。

2. 综合资金成本

企业可以从多种渠道、用多种方式来筹集资金，而各种方式的筹集成本是不一样的，为了正确进行筹资和投资决策，就必须计算企业的综合资金成本。综合资金成本是指分别以各种资金成本为基础，以各种资金占全部资金的比重为权数计算出来的成本。

3. 最优资本结构

资本结构是指企业各种资金的构成及其比例关系。资本结构是企业筹资决策的核心问题。企业应综合考虑有关影响因素，运用适当的方法确定最佳资本结构，并在以后追加筹资中继续保持。

在一般情况下，企业资本结构由长期债务资本和权益资本构成。资金结构问题主要是负债比例问题，适当增加债务可以降低企业资金成本，获得财务杠杆利益。同时，也会增加企业的财务风险。为此，企业必须权衡财务风险和资金成本的关系，确定最优的资金结构。

【工作任务】

【任务 1】 西域公司采用多种筹资方式，共筹资 8 000 万元，具体筹资内容如下：

(1) 取得 3 年期借款 800 万元，年利率 8%，每年付息一次，到期一次还本。已知企业所得税率为 25%，筹资费率为 0.5%；

(2) 发行 5 年期的债券，票面面值为 100 万元，票面年利率为 10%，每年付一次利息，发行价为 120 万元，发行费率为 5%；

(3) 西域公司按面值发行 5 000 万元的优先股股票，共支付筹资费用 50 万元，年优先股股利率为 10%；

(4) 发行普通股，市价为 2 000 万元，股利率为 10%，筹资费用率为 2%，预计未来股利每年增长率为 3%；

(5) 西域公司留存收益为 100 万元，普通股股利率 10%。

要求：计算西域公司综合资金成本率。

【任务分析】 (1) 企业借款资金成本率＝[借款年利息×(1－所得税率)]÷[借款额×(1－筹资费用率)]

＝[800×8%×(1－25%)]÷[800×(1－0.5%)]≈6.32%

(2) 债券成本率＝[债券年利息×(1－所得税率)]÷[债券筹资额×(1－筹资费用率)]

＝[100×10%×(1－25%)]÷[120×(1－5%)]≈6.58%

(3) 优先股成本率＝每年支付优先股股息÷[优先股筹资额×(1－筹资费用率)]

＝5 000×10%÷(5 000－50)≈10.1%

(4) 普通股成本率＝预期第 1 年普通股股利额÷[普通股筹资额×(1－筹资费用率)]＋普通股年股利增长率

＝2 000×10%÷[2 000×(1－2%)]×100%＋3%≈13.5%

(5) 留存收益成本率=预期第 1 年普通股股利额÷普通股筹资额+普通股年股利增长率

=100×10%÷100+3%=13%

(6) 综合资金成本率=∑各个别资金成本率×该方式资金筹集额占总资金额的比重

=6.32% × 800 ÷ 8 000 + 6.58% × 100 ÷ 8 000 + 10.1% × 5 000 ÷ 8 000 + 13.5%×2 000÷8 000+13%×100÷8 000=10.56%

【任务 2】 华光公司原来的资金结构如下表所示。普通股每股面值 1 元，发行价格为 10 元，目前价格也为 10 元，今年期望股利为 1 元/股，预计以后每年增加股利 5%。企业所得税税率假设为 25%，假设发行的各种证券均无筹资费。

华光公司原有资金结构 万元

筹资方式	金额
债券（年利率 10%）	800
普通股（每股面值 1 元，发行价 10 元，共 80 万股）	800
合计	1 600

该企业现拟增资 400 万元，现有三个方案可供选择：甲方案，增加发行 400 万元的债券，因为负债增加，投资人风险加大，债券利率增至 12%才能发行，预计普通股股利不变，但由于风险加大，普通股市价降至 8 元/股；乙方案：发行债券 200 万元，年利率为 10%，发行股票 20 万股，每股发行价 10 元，预计普通股股利不变；丙方案，发行股票 36.36 万股，普通股市价增至 11 元/股。试计算年初综合资金成本并做出筹资决策。

【任务分析】 (1) 计算年初综合资金成本率：

普通股成本率=1÷10+5%=15%

债券成本率=800×10%×(1−25%)÷800=7.5%

年初综合资金成本率=15%×800/1 600+7.5%×800÷1 600=11.25%

(2) 计算甲方案综合资金成本率：

旧普通股成本率=1÷10+5%=15%

新普通股成本率=1÷8+5%=17.5%

旧债券成本率=7.5%

新债券成本率=400×12%×(1−25%)÷400=9%

甲方案综合资金成本率=17.5%×800÷2 000+7.5%×800/2 000+9%×400÷2 000=11.8%

(3) 计算乙方案综合资金成本率：

普通股成本率=1÷10+5%=15%

旧债券成本率＝7.5％

新债券成本率＝200×10％×(1－25％)÷200＝7.5％

乙方案综合资金成本率＝15％×1 000÷2 000＋7.5％×800÷2 000＋7.5％×200÷2 000＝11.25％

(4) 计算丙方案综合资金成本率：

旧普通股成本率＝1÷10＋5％＝15％

新普通股成本率＝1÷11＋5％＝14.09％

旧债券成本率＝7.5％

丙方案综合资金成本率＝15％×800÷2 000＋14.09％×400÷2 000＋7.5％×800÷2 000＝11.818％

从以上计算可以看出，乙方案的综合资金成本率最低，所以应选用乙方案。即保持原来的资金结构，50％为负债资金，50％为自有资金。

【业务经验】

1. 资金成本与资金时间价值一样吗?

不一样。虽然资金成本与资金时间价值考察的对象都是资金，但是二者有着明显差别：一是内涵不同，资金成本既包括资金时间价值，又包括投资风险价值；二是角度不同，资金时间价值是从投资者角度考察的，而资金成本则是从被投资方考察的。

2. 在公式资金成本率＝每年的资金使用费÷(筹资数额－筹资费用) 中为什么要扣除筹资费用?

筹资费用在筹措资金时须作为一次性费用直接扣除，在资金使用期内，可以被企业利用的资金并非筹资的总额，而是扣除筹资费用后的净额。

3. 比较筹资方式的个别资金成本的高低

长期借款成本＜债券成本＜优先股成本＜留存收益成本＜普通股成本。

【工作任务实施记录与评价】

1. 个别资金成本的计算

师傅指导记录	计算准确性评价	评价成绩
		年　月　日

2. 综合资金成本的计算

师傅指导记录	计算准确性评价	评价成绩
		年 月 日

3. 分析确定筹资结构

师傅指导记录	分析准确性评价	评价成绩
		年 月 日

4. 学徒关键职业能力及职业品质、工匠精神评价

项目	A	B	C	D
工作态度				
吃苦耐劳				
团队协作				
沟通交流				
学习钻研				
认真负责				
诚实守信				

任务8：杠杆效应的运用

在师傅指导带领下，熟知企业经营杠杆、财务杠杆及复合杠杆产生的原因，能够准确计算经营杠杆、财务杠杆及复合杠杆，并分析杠杆与风险之间的关系。

【任务目标与质量要求】

熟练分析经营杠杆、财务杠杆及复合杠杆与相关风险之间的关系，熟练计算经营杠杆、财务杠杆及复合杠杆。

【学习产出目标】

1. 熟练分析企业经营杠杆、财务杠杆及复合杠杆与相关风险的关系；
2. 准确分析并计算企业经营杠杆、财务杠杆及复合杠杆。

【工作程序与方法要求】

● 计算经营杠杆系数	经营杠杆系数 (DOL)= 息税前利润变动百分比 ÷ 销售量变动百分比 报告期经营杠杆系数 =(基期销售额 − 基期变动成本)÷ 基期息税前利润	要求：准确计算经营杠杆系数
● 计算财务杠杆系数	财务杠杆系数 (DFL)= 普通股每股利润的变动率 ÷ 息税前利润变动率 或 DFL= 基期息税前利润 ÷(基期息税前利润 − 基期利息) 在公式 2 中我们没有考虑优先股股息。	要求：准确计算财务杠杆系数
● 计算复合杠杆系数	复合杠杆系数 (DFL)= 普通股每股利润的变动率 ÷ 销售量变动率 或 = 经营杠杆系数 (DOL)× 财务杠杆系数 (DFL) 复合杠杆系数又称总杠杆系数。	要求：准确计算复合杠杆系数

【业务知识】

自然界中的杠杆效应，是指人们通过利用杠杆，可以用较小的力量移动较重物体的现象。财务管理中用杠杆效应用来描述一个量的变动会引起另一个量的更大变动。财务管理中的杠杆效应有经营杠杆、财务杠杆和复合杠杆三种。杠杆效应是筹资决策应当重点考虑的因素。了解这些杠杆的效应，有助于企业合理的规避财务风险，提高财务管理水平。

1. 经营杠杆

在其他条件不变的情况下，产销业务量的增加虽然不会改变固定成本总额，但会降低单位固定成本，从而提高单位利润，使息税前利润的增长率大于产销业务量的增长率。这种由于固定成本的存在而导致息税前利润率变动大于业务量变动率的现象，称为经营杠杆效应。

2. 财务杠杆

在资金构成不变的情况下，企业债务的利息和优先股的股利通常是不变的，当息税前利润增大时，每 1 元盈余所负担的固定财务费用就会相对减少，这能给普通股股东带来更多的盈余；反之，当息税前利润减少时，每 1 元盈余所负担的固定财务费用就会相对增加，这就会大幅度减少普通股的盈余。这种由于债务的存在而导致普通股股东权益变动率大于息税前利润变动率的现象，称为财务杠杆效应。

3. 复合杠杆

由于存在固定的生产经营成本，会产生经营杠杆效应，使息税前利润的变动大于销售量的变动率；由于存在固定财务费用（如固定利息、优先股股利），会产生财务杠杆效应，使企业普通股每股利润的变动率大于息税前利润的变动率。一个企业会同时存在固定成本和固定财务费用，如果两种杠杆共同起作用，那么销售额有变动就会使每股收益产生更大的变动。这种由于固定生产经营成本和固定财务费用的共同存在而导致的普通股每股利润变动大于销售量变动的现象，称为复合杠杆效应，又称总杠杆效应。

在复合杠杆的作用下，当企业经济效益好时，每股利润会大幅度上升；当企业经济效益差时，每股利润会大幅度下降。在其他因素不变的情况下，复合杠杆系数越大，复合风险越大；复合杠杆系数越小，复合风险越小。

【工作任务】

【任务1】 西域公司年销售量分别为10 000、15 000及30 000件时，其息税前利润变化情况如表所示。试比较不同销售量增长与息税前利润增长的关系并计算经营杠杆。

西域公司不同年销售量的息税前利润变动表 元

项目	第一年	第二年	第三年
销售量/件	10 000	15 000	30 000
单价	10	10	10
单位变动成本	4	4	4
销售收入	100 000	150 000	300 000
减：变动成本	10 000×4=40 000	15 000×4=60 000	30 000×4=120 000
边际贡献	60 000	90 000	180 000
减：固定成本	20 000	20 000	20 000
息税前利润（EBIT）	40 000	70 000	160 000

【任务分析】 由上表可见，销售量由10 000件增加到15 000件，增幅为50%，息税前利润由40 000元增加到70 000元，增幅为（70 000−40 000）÷40 000=75%；销售量从15 000件增加到30 000件，增幅为100%，息税前利润由70 000元增加到160 000万元，增幅为（160 000−70 000）÷70 000=128.6%。息税前利润的增加幅度高于销售量增加的幅度，这就是经营杠杆效应。反之，若销售量下降，则息税前利润的下降幅度会高于销售量下降幅度，即息税前利润以更大的幅度下降。

经营杠杆系数计算如下：

销售量为15 000件时的经营杠杆系数=75%÷50%=（100 000−40 000）÷

40 000＝1.5

销售量为 30 000 件时的经营杠杆系数＝128.6％÷100％＝(150 000－60 000)÷70 000≈1.29

通过计算可见，销售量越大，经营杠杆系数越小；反之，销售量越小，经营杠杆系数越大。

【任务 2】 长河公司债务利息为 100 000 元，所得税率为 25%，普通股 100 000 股，连续 3 年普通股每股利润资料如下表所示。试比较该公司利润增长与每股股利增长的关系并计算财务杠杆系数。

长河公司的资金结构与普通股每股利润表 元

项目	第一年	第二年	第三年
息税前利润（EBIT）	400 000	800 000	1 200 000
债务利息	100 000	100 000	100 000
税前利润	300 000	700 000	1 100 000
所得税	75 000	175 000	275 000
税后利润	225 000	525 000	825 000
普通股每股利润（EPS）	2.25	5.25	8.25

【任务分析】 由上表可见，从第一年到第二年，息税前利润由 400 000 元增加到 800 000 元，增长了 100％，普通股每股利润由 2.25 增加到 5.25，增长了 133.3％；从第二年到第三年，息税前利润由 800 000 元增加到 1 200 000 元，增长了 50％，普通股每股利润由 5.25 增加到 8.25，增长了 57.14％。普通股每股利润的增加幅度高于息税前利润的增加幅度，这就是财务杠杆效应。反之，如果息税前利润下降，普通股每股利润的下降幅度会高于息税前利润的下降幅度，即普通股每股利润以更大的幅度下降。

可见，利用财务杠杆效应，企业适度负债经营，在盈利条件下可能给普通股股东带来更多的收益。

财务杠杆系数计算如下。

第二年的财务杠杆系数＝133.3％÷100％≈1.33

或 ＝400 000÷(400 000－100 000)≈1.33

第三年的财务杠杆系数＝57.14％÷50％≈1.14

或 ＝800 000÷(800 000－100 000)≈1.14

【任务 3】 西域公司 A 产品 2018 年销量 10 000 件，单位售价为 50 元，产品单位变动成本 30 元，固定成本总额 100 000 元，发生利息费用 20 000 元。计算该公司总杠杆系数。

【解析】 经营杠杆系数 DOL＝(50－30)×10 000÷[(50－30)×10 000－100 000]＝2

财务杠杆系数 DFL＝(50－30)×10 000÷[(50－30)×10 000－20 000]＝1.25

总杠杆系数 DTL＝DOL×DFL＝2×1.25＝2.50

【业务经验】

1. 经营杠杆与经营风险的关系？

引起企业经营风险的主要原因，是市场需求和成本等因素的不确定性，经营杠杆本身并不是利润不稳定的根源。但是，产销业务量增加时，息税前利润将以经营杠杆系数的幅度增加；而产销业务量减少时，息税前利润将以经营杠杆系数的幅度减少。可见经营杠杆系数越高，利润变动越激烈，企业的经营风险就越大。一般来说，在其他因素不变的情况下，固定成本越高，经营杠杆系数越大，经营风险越大。

2. 财务杠杆与财务风险的关系？

财务风险是指企业为取得财务杠杆利益而利用负债资金时，增加了破产机会或普通股利润大幅度变动的机会所带来的风险。企业为取得财务杠杆利益，就要增加负债，一旦企业息税前利润下降，不足以补偿固定利息支出，企业的每股利润就会下降得更快，因而增加了财务风险。

【工作任务实施记录与评价】

1. 经营杠杆系数的计算分析

师傅指导记录	计算准确性评价	评价成绩
		年　月　日

2. 财务杠杆的计算分析

师傅指导记录	计算准确性评价	评价成绩
		年　月　日

3. 复合杠杆的计算分析

师傅指导记录	计算准确性评价	评价成绩
		年　月　日

4. 学徒关键职业能力及职业品质、工匠精神评价

项目	A	B	C	D
工作态度				
吃苦耐劳				
团队协作				
沟通交流				
学习钻研				
认真负责				
诚实守信				

任务9：项目计算期现金流量的计算

在师傅指导带领下，明确投资项目的计算期如何确定，计算原始总投资与投资总额，理解流量的含义和构成，熟知所得税和折旧对现金流量的影响，运用直接法和间接法计算现金流量。

【任务目标与质量要求】

明确投资项目的计算期，计算项目原始总投资与投资总额，分析本部门折旧对现金流量的影响，熟练并准确运用直接法和间接法计算项目计算期内的现金流量。

【学习产出目标】

1. 熟知投资项目的计算期；
2. 准确计算原始总投资与投资总额；
3. 明确现金流量含义与构成；
4. 熟练分析所得税和折旧对现金流量的影响；
5. 准确应用直接法和间接法计算项目计算期内的现金流量。

【工作程序与方法要求】

● 确定项目计算期	项目计算期是指投资项目从投资建设开始到最终清理结束整个过程的全部时间，用 n 表示。完整的项目计算期包括建设期和生产经营期，即 n= 建设期 + 经营期。	要求：准确计算项目计算期
● 计算原始总投资与投资总额	1. 原始总投资指企业为使项目达到完全设计生产能力并开展正常经营而投入的全部现实资金。包括建设期投资和流动资金投资两项内容。 2. 投资总额是一个反映项目整体价值的指标，数量上等于原始总投资与建设期资本化利息之和。 3. 资本化利息是指在建设期所发生的与购建项目所需的固定资产、无形资产等长期资产有关的借款利息。	要求：准确计算原始总投资与投资总额
● 计算现金流量	1. 现金流量的构成 2. 所得税和折旧对现金流量的影响 3. 现金流量的计算 （1）间接法 净现金流量 (NCF)= 净利润 + 折旧等非付现成本 + 固定资产残值收入 + 投资收回额 − 原始投资额 （2）直接法 净现金流量 (NCF)= 销售收入 + 固定资产残值收入 + 投资收回额 − 原始投资额 − 付现成本 − 所得税	要求：熟练应用两种方法计算现金流量

【业务知识】

1. 现金流量的构成

从现金流量发生时间来看，现金流量包括初始现金流量、营业现金流量和终结现金流量三部分。

初始现金流量，即开始投资时发生的现金流量。一般包括初始投资、流动资产投资、其他投资费用和原有固定资产的变价收入四部分。

营业现金流量是指项目投产后，在其使用寿命期内，由于生产经营所带来的现金流入和现金流出的数量。

终结现金流量是指投资项目结束时所发生的现金流量。一般为现金流入量，如设备变价收入、设备残值变价收入和原垫支流动资金的回收等。

2. 所得税对现金流量的影响

上缴企业所得税对企业来说是一种现金流出。因此，净现金流量又包括所得税前净现金流量和所得税后净现金流量两种形式。

（1）所得税前净现金流量不受融资方案和所得税政策变化的影响，是全面反映投资项目方案本身财务获利能力的基础数据。计算时，现金流出量的内容中不包括调整所得税因素。

（2）所得税后净现金流量则将所得税视为现金流出，可用于评价在考虑融资条件下项目投资对企业价值所做的贡献。

3. 折旧对现金流量的影响

折旧具有抵税作用。企业计提折旧会引起成本的增加，利润减少，从而使所得税减少。折旧虽然是企业的成本，但不需要企业支付现金。因此，计提折旧会使企业实际少缴所得税，即减少了企业现金流出量，增加了净现金流量。

【工作任务】

西域公司新建一基建项目，需要固定资产投资110万元，建设期为两年，于建设起点分两年平均投入。流动资金投资20万元，于投产开始垫付。该项目经营期10年，固定资产按直线法计提折旧，期满净残值10万元；流动资金在项目终结时可一次全部收回。预计投产后，每年可获得40万元的营业收入，前5年发生30万元的营运成本，后5年发生32万元的营运成本（暂不考虑所得税因素）。该企业前5年每年的净利润为10万元，后5年每年净利润为8万元。要求分别用两种方法，计算该项目投资各年的净现金流量。

【任务分析】 通过编制现金流量表来计算各年度现金流量，如表中所示。

表中"－"号表示现金流出。

年折旧额＝(110－10)÷10＝10(万元)

项目计算期＝2＋10＝12(年)

终结点回收额＝回收固定资产残值＋回收流动资金＝10＋20＝30(万元)

投资项目现金流量计算表（直接法）

项目	年份												合计
	1	2	3	4	5	6	7	8	9	10	11	12	
固定资产	－55	－55										10	－100
流动资金			－20									20	
营业收入			40	40	40	40	40	40	40	40	40	40	400
营运成本			－30	－30	－30	－30	－30	－32	－32	－32	－32	－32	－310
折旧			10	10	10	10	10	10	10	10	10	10	100
净现金流量	－55	－55	0	20	20	20	20	18	18	18	18	48	90

投资项目现金流量计算表（间接法）

项目	年份												合计
	1	2	3	4	5	6	7	8	9	10	11	12	
固定资产	－55	－55										10	－100
流动资金			－20									20	
净利润			10	10	10	10	10	8	8	8	8	8	90
折旧			10	10	10	10	10	10	10	10	10	10	100
净现金流量	－55	－55	0	20	20	20	20	18	18	18	18	48	90

【业务经验】

1. 在进行投资项目决策时，为什么要重点研究现金流量，而不是利润？

其原因主要有两点：一是利润指标的确立是以权责发生制为基础的，将应收、应付项目业务列入了收入或费用，忽视了现金流动的时间因素；二是利润的计算受存货计价方式、折旧计提方式的影响，一定程度上受人为因素影响，不能全面反映投资项目的效益。

2. 如何确认项目的计算期？

建设期（s）的第一年初 0 点称为建设起点，建设期最后一年末 s 点被称为投产日；项目计算期的最后一年末 n 点称为终结点，从投产日 s 至终结点 n 之间的时间间隔被称为生产经营期（p），生产经营期包括试产期和达产期。项目计算期的构成如下图所示。

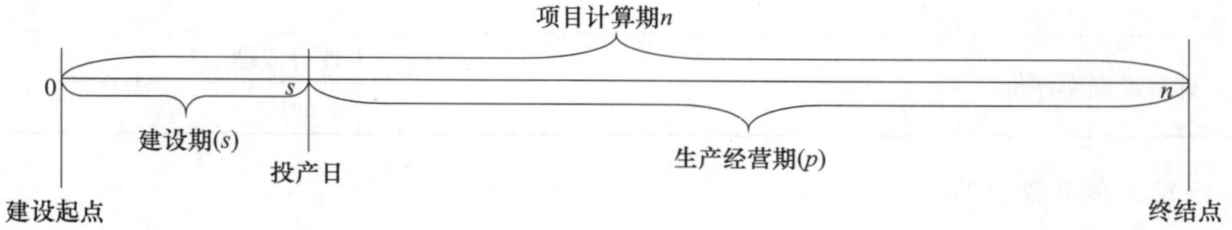

项目计算期

3. 以税后净利润为基础计算净现金流量时，为什么要将“折旧”加回？

固定资产的磨损是以折旧方式计入产品成本，企业在计算利润时，已将成本费用扣除（含折旧）。产品销售后，折旧以现金的形式从销售收入中收回，不需要付现，而是留存于企业。所以，要在净利润的基础上加回。

【工作任务实施记录与评价】

1. 确定项目计算期

师傅指导记录	确定项目计算期质量评价	评价成绩
		年　月　日

2. 计算原始总投资与投资总额

师傅指导记录	计算准确性评价	评价成绩
		年　月　日

3. 计算现金流量

（1）直接法计算

年份	固定资产	流动资金	营业收入	营运成本	折旧	净现金流量
1						
2						
3						
⋮						
12						
计算准确率评价					评价成绩	
					时间	

（2）间接法计算

年份	固定资产	流动资金	净利润	折旧	净现金流量
1					
2					
3					
⋮					
12					
计算准确率评价				评价成绩	
				时间	

4. 学徒关键职业能力及职业品质、工匠精神评价

项目	A	B	C	D
工作态度				
吃苦耐劳				
团队协作				
沟通交流				
学习钻研				
认真负责				
诚实守信				

任务10：项目投资决策的方法

在师傅指导带领下，知道项目投资决策的方法有哪些，明确每种方法的优缺点及应用范围，掌握每一种决策方法的运用和计算，会根据实际情况选择合适的方法进行项目分析，做出选择。

【任务目标与质量要求】

知道项目投资决策的方法，明确每种方法的优缺点及应用范围，掌握每一种决策方法的运用和计算，会根据实际情况选择合适的方法进行项目分析。

【学习产出目标】

1. 非折现评价指标的计算、分析及其优缺点；
2. 折现评价指标的计算、分析及其优缺点；
3. 熟练地利用投资决策指标对项目进行选择。

【工作程序与方法要求】

● 选择项目投资决策方法	非折现评价指标，指在计算过程中不考虑资金时间价值因素的指标，又称为静态指标。包括：投资利润率和静态投资回收期。折现评价指标，指在计算过程中充分考虑资金时间价值因素的指标，又称为动态指标。包括：净现值、净现值率、现值指数和内部收益率。	要求：根据实际情况选择项目投资决策方法
● 计算选用的项目投资决策指标	1. 投资利润率又称投资报酬率，是指项目投资方案的年平均利润额占投资总额的百分比。投资利润率 = 年平均利润额 ÷ 投资总额 ×100% 2. 投资回收期是指收回全部投资总额所需要的时间。分经营期年净现金流量相等和不相等两种情况。 3. 净现值 (NPV)= 未来各期净现金流量的总现值 − 初始投资额的现值 未来某期净现金流量的现值 = 该期净现金流量 × 复利现值系数 $(P/F,i,t)$ 4. 净现值率 (NPVR)= 投资项目净现值 ÷ 原始投资现值 ×100% 5. 现值指数 (PI)= 经营期各年净现金流量的现值之和 ÷ 原始投资的现值之和，或 PI=1+NPVR。 6. 内部收益率 (IRR) 又称内含报酬率，分经营期年净现金流量相等和不相等两种情况。	要求：准确计算项目投资决策指标
● 判断投资项目方案是否可行	根据项目投资决策指标的结果，判断项目是否可行，或者选择更优的项目	要求：根据指标计算结果判断是否可行

【业务知识】

1. 项目投资决策方法

在评价中，如果方案的收益大于成本，则该方案可取。如果几个方案的收益都大于成本，则应综合考虑企业各方面情况，慎重做出选择。

按照投资决策中是否考虑资金的时间价值可将决策方法分为非折现评价指标与折现评价指标。

非折现评价指标，指在计算过程中不考虑资金时间价值因素的指标，又称为静态指标。包括：投资利润率、静态投资回收期。

折现评价指标，指在计算过程中充分考虑资金时间价值因素的指标，又称为动态指标。包括：净现值、净现值率、现值指数和内部收益率。

2. 各种项目投资决策方法的优缺点

（1）以投资利润率高低作为项目投资方案决策的依据，优点：计算简单明了、易于掌握，且投资利润率不受建设期长短、投资方式、净现金流量等条件影响，能够说明各投资方案的收益水平。缺点：一是未考虑资金时间价值，不能正确反映建设期长短以及投资方式不同对项目的影响；二是该指标不能真实地反映项目计算期内现金流量的大小及分布。

（2）投资回收期法能够直观地反映原始总投资的返本时期，计算简单，便于理解。但没有考虑资金的时间价值和投资回收期后的现金流量，也不能衡量投资方案投资报酬率的高低，在一定程度上影响了决策的正确性。

（3）净现值法的优点是：考虑了资金的时间价值和项目计算期内的全部净现金流量，并考虑了投资的风险性，因为折现率的大小与风险有关，风险越大，折现率越大。但是，它不能反映投资项目的投资收益率水平，净现金流量和折现率的确定比较困难。当各方案的投资额不相等时，不能够确定方案的优劣。

（4）净现值率是相对值指标，可反映出资金投入与产出之间的关系，比其他动态相对数指标更易计算，便于在投资额不等的情况下进行不同方案的比较。但仍不能反映投资项目的实际投资收益率水平。

（5）现值指数法考虑了资金的时间价值和投资风险，可以从动态的角度反映项目投入与产出之间的比例关系；但仍不能反映投资项目的实际投资收益率水平。

（6）内部收益率法的优点是：能从动态的角度直接反映投资项目的实际收益率水平，计算过程不受行业基准折现率的影响，比较客观；缺点是手工计算环境下，按照一般方法逐次测试，导致该指标的计算过程十分烦琐。

【工作任务】

【任务 1】

××企业拟构建一项固定资产，需投资 150 万元。在建设起点一次性投入借入资金200万元，建设期一年，其资本化利息为20万元，预计投产后每年可获营业利润20万元。用投资利润率法计算该项目的投资利润率为多少？

【任务分析】 投资利润率ROI＝20÷(200＋20)×100％＝9.09％

投资项目的投资利润率越高越好，低于无风险投资利润率的方案是不可行方案。

【任务2】

××企业准备投资300 000元。有A、B两个方案可供选择，年初一次性投资，建设期均为1年。经营期资料如下表所示。B方案终结时残值为10 000元，A方案无残值，暂不考虑税费。试用投资回收期法计算两个方案的静态投资回收期，并选优。

A、B两个方案基本资料

年份	A方案		B方案	
	年净利	年折旧额	年净利	年折旧额
1	26 000	60 000	10 000	58 000
2	26 000	60 000	16 000	58 000
3	26 000	60 000	22 000	58 000
4	26 000	60 000	28 000	58 000
5	26 000	60 000	34 000	58 000

【任务分析】 先分别计算两个方案的累计净现金流量，具体如下表所示。

A、B两个方案累计净现金流量计算表

项目	A方案						B方案					
	1	2	3	4	5	6	1	2	3	4	5	6
投资	－30						－30					1
净利润		2.6	2.6	2.6	2.6	2.6		1	1.6	2.2	2.8	3.4
折旧		6	6	6	6	6		5.8	5.8	5.8	5.8	5.8
净现金流量	－30	8.6	8.6	8.6	8.6	8.6	－30	6.8	7.4	8	8.6	10.2
累计净现金流量	－30	－21.4	－12.8	－4.2	4.4	13	－30	－23.2	－15.8	－7.8	0.8	11

方案A经营期内每年净现金流量均为8.6万元，因此，投资回收期计算如下：

方案A投资回收期（PP)＝30÷8.6＋1＝4.49(年)

方案B经营期内每年净现金流量不相等，累计数为负值的年份是第4年（－7.8万元），下一年度即第5年净现金流量为8.6万元，因此，其投资回收期计算如下：

方案B投资回收期（PP)＝4＋7.8÷8.6＝4.91(年)

A、B两方案的投资回收期均超过了项目计算期的一半，财务上不具有可行性。但相比而言，A方案优于B方案。

只有投资回收期小于等于基准投资回收期的方案才是可行方案。从财务角度分析，若静态投资回收期小于或等于项目计算期的一半，其财务上是可行的。

【任务3】 资料承任务2，若最低收益率为10%，假设建设期为0，即年初一次性投资并于当年投产运营。试计算A、B两个方案的净现值、净现值率、现值指数并选优。

【任务分析】

（1）净现值

A方案1～5年每年净现金流量为8.6万元，可利用年金现值系数计算如下：

A方案净现值（NPV）$=8.6\times(P/A,10\%,5)-30=8.6\times3.7908-30=2.6009$（万元）

B方案净现值（NPV）$=6.8\times(P/F,10\%,1)+7.4\times(P/F,10\%,2)+8\times(P/F,10\%,3)+8.6\times(P/F,10\%,4)+10.2\times(P/F,10\%,5)-30$

$=6.8\times0.9091+7.4\times0.8264+8\times0.7513+8.6\times0.683+10.2\times0.6209-30$

$=-0.5146$（万元）

计算结果表明，A方案优于B方案，同时，由于B方案净现值为负数，说明项目投资的收益率低于10%，是不可行的。

净现值≥0的方案为可行方案，如果几个方案的投资额相等，且净现值都是正数，则净现值最大的方案为最优方案。

（2）净现值率

方案A的净现值率$=2.6009\div30\times100\%=8.7\%$

方案B的净现值率$=-0.7271\div30\times100\%=-2.42\%<0$，所以，方案不可行。

若净现值率≥0，则该投资方案可行。投资额相同时，净现值率越大的方案越好。

（3）现值指数

方案A的现值指数$=8.6\times(P/A,10\%,5)\div30$

$=8.6\times3.7908\div30=1.087$

方案B的现值指数$=[6.8\times(P/F,10\%,1)+7.4\times(P/F,10\%,2)+8\times(P/F,10\%,3)+8.6\times(P/F,10\%,4)+10.2\times(P/F,10\%,5)]\div30$

$=29.2729\div30=0.9758$

由于方案B的现值指数小于1，所以，B方案不可行。

决策依据：如果现值指数大于等于1，该方案可行；小于1，则不可行。如果几个方案均可行，则现值指数最大的为最优。

【业务经验】

1. 净现值与现值指数有什么联系？

净现值是将各年净现金流量的现值之和减去原始投资额，是绝对量评价指标；而现值指数则是将各年净现金流量的现值之和除以原始投资额，是相对量评价指标。

现值指数法考虑了资金的时间价值和投资风险，可以从动态的角度反映项目投入与产出之间的比例关系；但仍不能反映投资项目的实际投资收益率水平。

2. 折现评价法的几个指标有什么联系？

在评价单一投资项目时，折现评价指标净现值（NPV）、净现值率（NPVR）、获利指数（PI）和内部收益率指标（IRR）之间方向是一致的，即当 NPV>0 时，必然存在 NPVR>0、PI>1、IRR>预定基准折现率；当 NPV=0 时，必然存在 NPVR=0、PI=1、IRR=预定基准折现率；当 NPV<0 时，必然存在 NPVR<0、PI<1、IRR<预定基准折现率。

【工作任务实施记录与评价】

1. 选择项目投资决策方法

师傅指导记录	项目投资决策方法选择质量评价	评价成绩
		年　月　日

2. 计算项目投资决策指标

（1）资本利润率计算

师傅指导记录	计算准确性评价	评价成绩
		年　月　日

（2）投资回收期计算

师傅指导记录	计算准确性评价	评价成绩
		年　月　日

（3）净现值的计算

师傅指导记录	计算准确性评价	评价成绩
		年　月　日

（4）净现值率的计算

师傅指导记录	计算准确性评价	评价成绩
		年　月　日

（5）现值指数的计算

师傅指导记录	计算准确性评价	评价成绩
		年　月　日

3. 判断项目可行性，投资项目选择

师傅指导记录	计算准确性评价	评价成绩
		年　月　日

4. 学徒关键职业能力及职业品质、工匠精神评价

项目	A	B	C	D
工作态度				
吃苦耐劳				
团队协作				
沟通交流				
学习钻研				
认真负责				
诚实守信				

任务 11：项目投资决策方法的运用

在师傅指导带领下，能够进行项目财务可行性分析，理解独立方案和互斥方案含义，正确做出投资决策，运用差额投资内部收益率法和年等额净回收额法做出更新改造项目决策。

【任务目标与质量要求】

进行项目财务可行性分析，理解独立方案和互斥方案含义，正确做出投资决策，运用差额投资内部收益率法和年等额净回收额法做出更新改造项目决策。

【学习产出目标】

1. 独立方案可行性条件；
2. 互斥方案指标选取；
3. 投资方案的财务可行性分析；
4. 投资评价方法的选择。

【工作程序与方法要求】

● 项目可行性分析	①净现值 (NPV)≥0。 ②净现值率 (NPVR)≥0。 ③获利指数 (PI)≥0。 ④内部收益率指标 (IRR)≥基准投资收益率。 ⑤静态投资回收期≤项目计算期的一半。 ⑥投资利润率≥基准投资利润率。	要求：进行项目可行性分析
● 做出投资决策	1. 独立方案决策是指可以同时并存而不互相排斥的几个比较方案。可以选定其中的任何一个，在资金充裕时也可同时选定几个。 2. 互斥方案决策是指在每一个入选方案已具备财务可行性的前提下，利用具体决策方法比较各个方案的优劣，利用评价指标从各个备选方案中选出一个最优方案的过程。 3. 更新改造项目决策常用方法有差额投资内部收益率法和年等额净回收额法两种。	要求：根据分析结果做出投资决策

【业务知识】

1. 投资项目的可行性分析

如果某一投资项目的评价指标同时满足下列条件，则可以断定该投资项目完全具备财务可行性；如果某一投资项目的评价指标不能同时满足下列条件，则可以断定该投资项目不具备财务可行性。

①净现值(NPV)≥0。

②净现值率(NPVR)≥0。

③获利指数(PI)≥1。

④内部收益率指标(IRR)≥基准投资收益率。

⑤静态投资回收期≤项目计算期的一半。

⑥投资利润率≥基准投资利润率。

2. 差额投资内部收益率法

此方法是在分析新旧设备差额净现金流量（ΔNCF）的基础上，计算出差额内部收益率（ΔIRR），以决定是否更新设备的方法。当差额内部收益率大于预期基准收益率时，则表明使用新设备比使用旧设备能获得更多的收益，应当进行设备更新；反之，就不应当进行更新改造。差额投资内部收益法或差额净现值分析法也可用于其他互斥投资方案的对比决策。

【工作任务】

【任务1】

××企业计划变卖一套尚可使用5年的旧设备，另购置一套新设备来替换它。取得新设备的投资额为18万元，旧设备原价14万元，已提折旧5万元，其变现价值为8万元，到第5年年末新设备与继续使用旧设备届时的预计净残值相等。新旧设备的替换将在当年内完成（即更新设备的建设期为0）。使用新设备可使企业在第一年增加营业收入5万元，增加经营成本2.5万元；第2～5年内每年增加营业收入6万元，增加经营成本3万元。设备采用直线法计提折旧。企业所得税率为25%，假设与处理旧设备相关的税金可以忽略不计。若甲企业的资金成本为8%。试做出是否更新改造的决策。

【任务分析】

(1) 计算差额净现金流量。

采用新设备初始投资增加额＝－18－(－8)＝－10(万元)

新旧设备差量折旧额＝新设备折旧－旧设备折旧

＝(18－新设备净残值)÷5－(8－旧设备净残值)÷5＝2(万元)

因考虑所得税，各年增加的现金流量计算如下。

第1年增加现金流量＝5×(1－25%)－2.5×(1－25%)＋2×25%＝2.375(万元)

第 2～5 年每年增加现金流量＝6×(1－25％)－3×(1－25％)＋2×25％＝2.75(万元)

ΔNCF＝2.375×(*P*/*F*，*i*，1)＋2.75×(*P*/*A*，*i*，4)×(P/F，i，1)－10

(2) 计算差额内部收益率 ΔIRR。

当 i＝10％时，

$$\Delta NCF = 2.375\times(P/F,10\%,1)+2.75\times(P/A,10\%,4)\times(P/F,10\%,1)-10$$
$$=2.375\times0.9091+2.75\times3.1699\times0.9091-10=0.084\ (万元)$$

当 i＝12％时，

$$\Delta NCF = 2.375\times(P/F,12\%,1)+2.75\times(P/A,12\%,4)\times(P/F,12\%,1)-10$$
$$=2.375\times0.8929+2.75\times3.0373\times0.8929-10=-0.421\ (万元)$$

$$\Delta IRR=10\%+2\%\times\left(\frac{0-0.84}{-0.42-0.84}\right)=11.33\%$$

差额投资内部收益率 11.33％大于甲企业的资金成本 8％，说明使用新设备比使用旧设备能获得更多的收益，应当进行设备更新。

【任务 2】

××公司正在使用一台机器设备，其原始投资额为 125 万元，使用年限为 20 年，已使用 9 年，若继续使用，从现在至使用期满可获得的净现值为 135.82 万元；若购买新的机器设备，其原始投资为 110 万元，无建设期，使用年限为 10 年，从现在至使用期满可获得的净现值为 112 万元。若该企业资金成本为 10％，试运用年等额净回收额法分析应选择哪个方案。

【任务分析】

继续使用旧生产线的年等额净回收额＝其净现值/(*P*/*A*,10％,11)＝135.82/6.4951＝20.91(万元)

使用新的生产线的年等额净回收额＝其净现值/(*P*/*A*,10％,10)＝112/6.1446＝18.23(万元)

由于购买新设备的年等额净回收额小于继续使用旧设备的年等额回收额，表明使用旧设备比购买新设备获得更多的收益，所以，应当继续使用旧设备。

【业务经验】

1. 独立方案如何进行投资决策?

(1) 投资项目完全具备财务可行性，应当接受此投资方案。投资项目不具备财务可行性，应当放弃此投资方案。

(2) 当静态投资回收期等非折现评价指标的评价结论与折现评价指标发生矛盾时，应当以折现评价指标的评价结论为准。

(3) 利用净现值、净现值率、现值指数和内部收益率指标对同一个独立项目进行评价，会得出完全相同的结论。

2. 互斥方案如何进行投资决策?

(1) 投资额、项目计算期均相等的互斥方案，应当选择净现值或内部收益率最大的方案。

(2) 投资额不相同，但项目计算期相等的互斥方案，应选择净现值率、现值指数或内部收益率最大的方案。

(3) 投资额、项目计算期均不同的互斥方案，应当选择内部收益率最大的方案。

3. 如何做出更新改造项目决策?

(1) 差额分析法。当新旧设备使用期限相同时，可直接用净现值的差额进行分析，当差额净现值为正，则应更新设备；反之，则不应更新设备。当其使用期限不同时，应采用差额投资内部收益率法。

(2) 年等额净回收额法。该法适用于原始投资不同，且项目计算期不等的多方案决策，年等额净回收额最大的方案最优。

【任务目标与质量要求】

1. 项目可行性分析

师傅指导记录	项目可行性质量评价	评价成绩
		年　月　日

2. 做出项目投资决策

师傅指导记录	决策的准确性评价	评价成绩
		年　月　日

3. 学徒关键职业能力及职业品质、工匠精神评价

项目	A	B	C	D
工作态度				
吃苦耐劳				
团队协作				
沟通交流				
学习钻研				
认真负责				
诚实守信				

任务 12：证券投资收益的计算

在师傅指导带领下，明确证券投资收益的含义，能够正确计算证券投资收益，区别不同方法的计算方式和适用范围，能够准确衡量证券投资组合收益，并做出正确的证券投资决策。

【任务目标与质量要求】

明确证券投资收益的含义，能够正确计算证券投资收益，区别不同方法的计算方式和适用范围，能够准确衡量证券投资组合收益，进行证券投资决策。

【学习产出目标】

1. 熟知证券投资收益的含义；
2. 正确计算证券投资收益；
3. 准确衡量证券投资组合收益；
4. 做出证券投资决策。

【工作程序与方法要求】

● 计算证券收益率	1. 本期收益率，本期收益率又称为当前收益率，本期收益率 = 支付的年利息或股息 ÷ 证券市场价格 2. 短期证券到期收益率 =[年利息或股息 +(证券卖价 − 买价) ÷ 到期年限]÷ 证券买价 长期证券到期收益率：$P=\sum F_i/(1+i)^t$ 3. 持有期收益率	要求：准确计算证券收益率
● 衡量证券组合收益	当投资者同时进行若干种证券投资时，其投资组合的收益率就是各种证券收益率的加权平均值。其公式为 证券组合收益率 =∑各种证券组合收益率 × 权数	要求：准确衡量证券组合收益

【业务知识】

1. 证券投资的对象与种类

金融市场的证券很多，其中可供企业投资的证券主要有国债、短期融资券、可转让存单、企业股票债券、投资基金及期权、期货等衍生证券，具体可分为以下几类。

（1）债券投资。是指投资者购买债券以获得资金收益的一种投资活动。

（2）股票投资。是指投资者将资金投向股票，通过股票的买卖和收取股利以获得收益的一种投资行为。

（3）基金投资。是指投资者通过购买投资基金股份或受益凭证来获取收益的投资方式。这种投资可使投资者享受专家服务，有利于分散风险，获得较高的、较稳定的投资收益。

（4）期货投资。是指投资者通过买卖期货合约躲避价格风险或赚取利润的一种投资方式。所谓期货合约，是指在将来一定时期，买卖一定数量和质量的商品而由商品交易所制定的统一标准合约，它是确定期货交易关系的一种契约，是期货市场的交易对象。

（5）期权投资。是指为了实现盈利目的或者规避风险而进行期权买卖的一种投资方式。

2. 证券投资收益

证券投资收益是指投资者进行证券投资所获得的净收入，包括债券利息、股利及资本利得，通常情况下用相对值即年收益率表示。注意，年收益率在会计上用百分号表示，因此，收益额的计算必须是年均收益额。

【工作任务】

【工作任务 1】 李某于 2017 年 6 月 30 日以 102 元的价格购买一面值为 100 元，利率为 8.56%，每年年末支付一次利息的 2013 年发行的 5 年期国债，并持有到 2017 年年末。试计算其本期收益率。

【任务分析】 本期收益率＝100×8.56%÷102＝8.39%

【工作任务 2】 王某于 2016 年 1 月 1 日以 102 元的价格购买一面值为 100 元，利率为 8.56%，每年年末支付一次利息的 2013 年发行的 5 年期国债，并持有到 2017 年年末。试计算其到期收益率。

【任务分析】 该证券投资的时间序列图如下图所示。

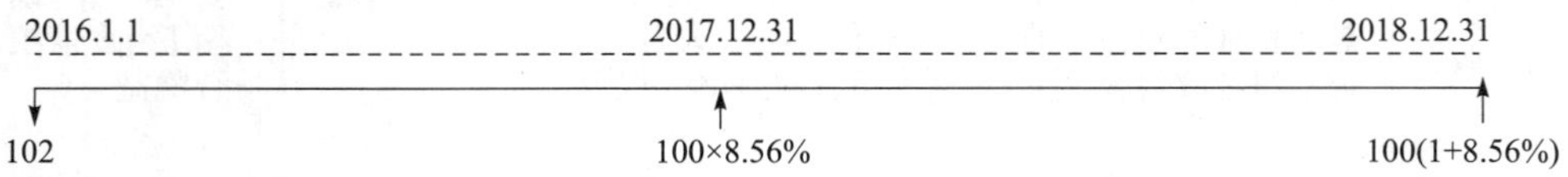

证券投资的时间序列图

由上图可见，在 2017 年 12 月 31 日收回的资金包括到期国债面值 100 元和 2017 年的利息 100×8.56%。按照公式可得

短期证券到期收益率=[100×8.56%+(100−102)÷0.5]÷102=4.47%

【工作任务 3】 于某于 2016 年 1 月 1 日以 102 元的价格购买一面值为 100 元，利率为 8.56%，每年末支付一次利息的 2013 年发行的 5 年期国债，并持有之到期。试计算其到期收益率。

【任务分析】 该证券投资的时间序列图如下图所示。

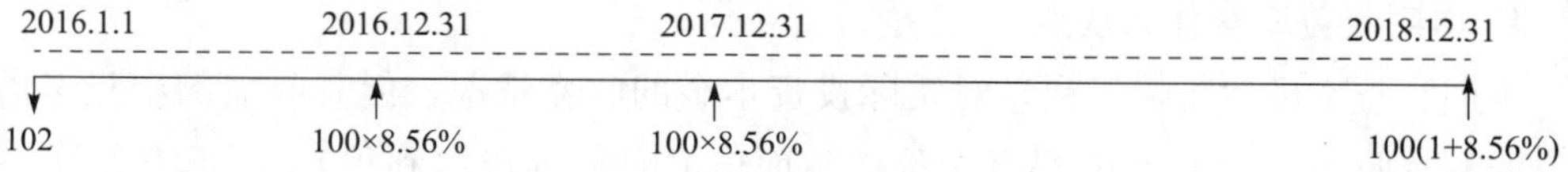

证券投资的时间序列图

由上图可见，在 2017 年 12 月 31 日收到 2017 年的利息 100×8.56%，2018 年 12 月 31 日收回的资金包括到期国债面值 100 元和 2018 年的利息 100×8.56%。按照公式可得

$$102=100\times8.56\%\div(1+i)+100\times8.56\%\div(1+i)^2+100(1+8.56\%)\div(1+i)^3$$

即可利用内插法求得 i。

【工作任务 4】 张某于 2016 年 1 月 1 日以 102 元的价格购买一面值为 100 元，利率为 8.56%，每年年末支付一次利息的 2015 年发行的 4 年期国债，并持有至 2018 年 12 月 31 日以 101 元的价格抛售。试计算其持有期收益率。

【任务分析】 该证券投资的时间序列图如下图所示。

由下图可见，在 2017 年 12 月 31 日收到 2017 年的利息 100×8.56%，2018 年 12 月 31 日收回的资金包括售价 101 元和 2018 年的利息 100×8.56%。按照公式可得

$$102=100\times8.56\%\div(1+i)+100\times8.56\%\div(1+i)^2+(100\times8.56\%+101)\div(1+i)^3$$

即可利用内插法求得 i。

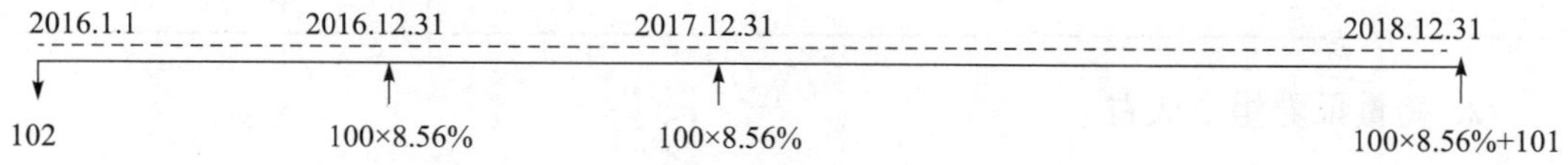

证券投资的时间序列图

【工作任务 5】

企业购入 A、B、C、D、E 五种证券，年均真实收益率分别为 20%、10%、12%、15%、9%，投资比重分别为 0.3、0.2、0.25、0.15、0.1。求投资的组合收益率。

【任务分析】 当投资者同时进行若干种证券投资时，其投资组合的收益率就是各

种证券收益率的加权平均值。各种证券投资的名义收益率或真实收益率前面已进行了计算。各种证券投资的权数按照其投资额所占比重进行确定。据该证券投资组合比重及收益率情况，则有

投资的组合收益率＝20％×0.3＋10％×0.2＋12％×0.25＋15％×0.15＋9％×0.1＝14.15％

【业务经验】

1. 本期收益率有什么缺点?

本期收益率虽然反映了利息对实际投资本金的收益情况，但其收益额中只考虑到证券的利息收入，没有考虑到市场价格与面值的差额（资本利得），因此其结果不够真实。

2. 三种证券收益率在计算时有什么注意事项?

短期证券到期收益率的计算比较简单，由于投资期限短，时间价值对结果影响程度较小，为简化计算，一般不考虑时间价值因素。长期证券到期收益率的计算比较复杂，由于投资期限长，时间价值对结果影响程度较大，所以必须考虑时间价值因素。

【工作任务实施与评价】

1. 计算证券收益率

师傅指导记录	计算证券收益率准确性评价	评价成绩
		年　月　日

2. 衡量证券组合收益

师傅指导记录	衡量证券组合收益准确性评价	评价成绩
		年　月　日

3. 学徒关键职业能力及职业品质、工匠精神评价

项目	A	B	C	D
工作态度				
吃苦耐劳				
团队协作				
沟通交流				
学习钻研				
认真负责				
诚实守信				

任务 13：股票投资

在师傅指导带领下，知道股票投资的种类和目的，能够正确进行股票投资的估价和收益率的计算，能够根据计算结果判断股票投资方案是否可行，并做出正确的股票投资决策。

【任务目标与质量要求】

掌握股票投资的种类和目的，能够正确进行股票投资的估价和收益率的计算，能够根据计算结果判断股票投资方案是否可行，并做出正确的股票投资决策。

【学习产出目标】

1. 掌握股票投资的种类和目的；
2. 正确计算投资价值；
3. 准确计算投资收益率；
4. 做出股票投资决策。

【工作程序与方法要求】

● 选择证券投资对象决策的方法	1. 投资价值的衡量法，是利用投资价值指标的计算和比较对证券投资做出决策的一种方法。 2. 投资收益率的衡量法，是指根据不同的证券投资情况，利用证券投资的本期收益率、到期收益率或持有期收益率等指标与收益率标准进行比较进而做出决策的一种方法。	要求：准确选择证券投资对象决策方法

● 计算股票投资方案衡量指标	1. 计算投资价值 债券、股票投资价值可按债券或股票转让价的折现值与未来各年预计股利或债券利息收入的折现值之和来计算。其计算公式如下 $P_0=P_n/(1+r)^n+\sum_{t=0}^{n}[D_t/(1+r)^t]$ 其中：P_0 为证券投资价值；P_n 为转让时预计市价或到期价值；D_t 为预计各年股利或债券利息额；r 为投资者期望报酬率；n 为期限。 2. 计算股票投资收益率	要求：准确计算股票投资价值和股票投资收益率
● 做出股票投资决策	1. 投资价值衡量法的基本思路是：当投资价格高于价格标准时，方案不可选；当投资价格低于价格标准时，方案可选。 2. 当实际投资收益率高于收益率标准时方案可选，当实际收益率低于收益率标准时，方案不可选。	要求：准确做出股票投资决策

【业务知识】

1. 股票投资的种类和目的

股票投资主要分为两种：普通股投资和优先股投资。企业投资普通股，股利收入不稳定，而投资于优先股可获得固定的股利收入，因此，普通股股票价格比优先股股票价格波动要大，投资普通股的风险相对要大，但投资普通股一般要获得相对较大的收益。

企业进行股票投资的目的通常有两种：一是获利，即作为一般的证券投资，获取股利收入及股票买卖差价；二是控股，即通过购买某一企业的大量股票达到控制该企业的目的。在第一种情况下，企业仅将某种股票作为它证券组合中的某个组成部分，不应冒险将大量资金投于某一企业的股票上。而在第二种情况下，企业应集中资金投资被控企业的股票上，这时考虑更多的不应当是目前的利益——股票投资收益的高低，而应当是长远利益——占有多少股权才能达到控制的目的。

2. 股票投资的特点

股票投资和债券投资都属于证券投资。证券投资与其他投资相比，总的来说具有风险高、收益高、易于变现等特点。但股票投资相对于债券投资而言又具有以下特点。

（1）股票投资是权益性投资。股票投资是权益性投资，股票是代表所有权的凭证，持有人作为公司的股东，有权参与公司的经营决策。

（2）股票投资的收益高。股票作为一种收益不固定的证券，具有收益的潜在性，因而其获得高收益的潜力较大，其收益一般高于债券投资收益。

（3）股票投资的风险较大。投资者购买股票后，作为股东，不要求股份公司偿还本金，所持股票可以在公开的证券市场上转让以求变现。因此，股东至少面临两方面的风险：一是股票发行公司经营不善所形成的风险；二是股票市场价格波动所形成的价差损失风险，即资本利得风险。

(4) 股票投资价格波动较大。股票价格既受发行公司的影响，又受股市投机等因素的影响，波动极大。

(5) 股票投资的收益不稳定。股票投资的收益主要是发行公司发放的股利和资本利得收益，相对于债券投资收益而言，稳定性较差。

【工作任务】

【工作任务1】 ××企业有一笔闲置余款，可用于进行甲、乙两种股票的投资，期限两年，预计年股利额分别为2元/股、3元/股，两年后市价有望涨至28元和32元，现市价分别为26元、30元。企业期望报酬率为12%。试用投资价值衡量来进行投资方案解析。

【任务分析】 该证券投资的时间序列图如下图所示。

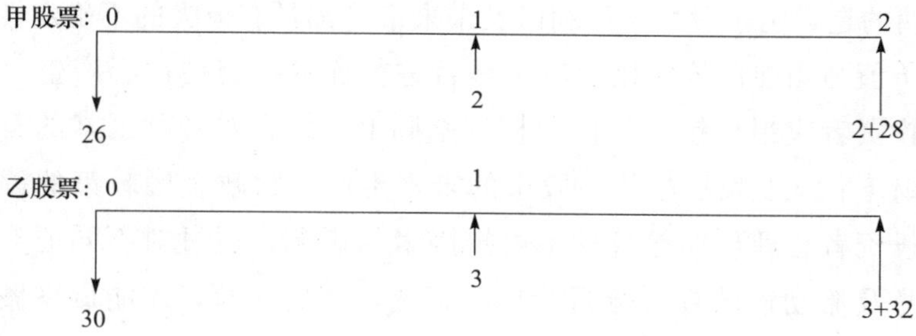

该证券投资的时间序列图

甲股票投资价值$=2\div1.12+(28+2)\div1.12^2=25.79<26$，该方案不可行。

乙股票投资价值$=3\div1.12+(32+3)\div1.12^2=30.68>30$，该方案可行。

【工作任务2】 ××企业计划利用一笔长期资金购买股票，现有M公司和N公司股票可供选择，若只允许投资一家公司，已知M公司股票现行市价为9元，上年每股股利为0.15元，预计以后每年以6%的增长率增长；N公司股票现行市价为7元，上年每股股利为0.60元，股利分配政策一贯坚持固定股利政策。企业期望报酬率为8%。

要求：

(1) 利用股票估价模型，分别计算M公司和N公司的股票投资“投资”价值。

(2) 代该企业做出股票投资决策。

【任务分析】 该股票投资的时间序列图如下图所示。

M股票投资价值$=0.15(1+6\%)\div1.08+0.15(1+6\%)^2\div1.08^2+\cdots+0.15(1+6\%)^n\div1.08^n$

在$n\rightarrow\infty$情况下，M股票价值可简化为$D_1\div(i-g)$

因此，M股票投资价值$=0.15(1+6\%)\div(8\%-6\%)=7.95<9$

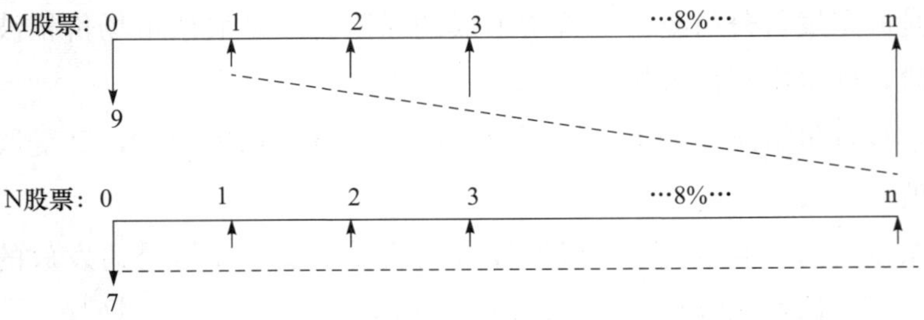

股票投资的时间序列图

所以该方案不可行。

N 股票投资价值＝0.6÷1.08＋0.6÷1.08^2＋…＋0.6÷1.08^n

在 $n\to\infty$ 情况下，M 股票价值可简化为 $D_1/(i-g)$

因此，N 股票投资价值＝0.6/8％＝7.5＞7

所以该方案可行。

需要说明的是，由于股息、红利以及未来市价都具有极大的不确定性，因而单纯地依据投资价值与当前市价的比较决定是否进行证券投资往往会产生一定程度的偏误。因此，投资者应当在投资价值分析的基础上，结合对各种因素的有效预期，如发行企业的财务状况及发展趋势、股市的未来走向、财政金融政策的调整、资金供求态势以及投资者心理预期等各种不可控因素的影响，通过对不同证券收益性、安全性（风险）及流动性的综合分析，排队筛选，择良弃莠，才能最终做出合理的投资选择。

【业务经验】

1. 如何判断股票投资方案是否可行?

无论是股票投资还是债券投资，其投资策略都是一样的。投资者选择投资对象的标准主要有两个：价格标准与收益率标准。价格标准的基本思路是：当投资价格高于价格标准时，方案不可选；当投资价格低于价格标准时，方案可选。收益率标准的基本思路是：当实际投资收益率高于收益率标准时，方案可选；当实际收益率低于收益率标准时，方案不可选。因此，证券投资对象决策的方法也相应有两种：投资价值的衡量法和投资收益率的衡量法。

2. 投资方案的可行性还受哪些因素影响?

由于股息、红利以及未来市价都具有极大的不确定性，因而单纯地依据投资价值与当前市价的比较决定是否进行证券投资往往会产生一定程度的偏误。因此，投资者应当在投资价值分析的基础上，结合对各种因素的有效预期，如发行企业的财务状况及发展趋势、股市的未来走向、财政金融政策的调整、资金供求态势以及投资者心理预期等各种不可控因素的影响，通过对不同证券收益性、安全性（风险）及流动性的综合分析，排队筛选，择良弃莠，才能最终做出合理的投资选择。

【工作任务实施与评价】

1. 选择股票投资决策方法

师傅指导记录	方法选择准确性评价	评价成绩
		年　月　日

2. 计算股票投资方案的衡量指标

（1）计算投资价值

师傅指导记录	计算投资价值的准确性评价	评价成绩
		年　月　日

（2）计算投资收益率

师傅指导记录	计算投资收益率的准确性评价	评价成绩
		年　月　日

（3）判断投资方案是否可行

师傅指导记录	判断投资方案是否可行	评价成绩
		年　月　日

3. 学徒关键职业能力及职业品质、工匠精神评价

项目	A	B	C	D
工作态度				
吃苦耐劳				
团队协作				
沟通交流				
学习钻研				
认真负责				
诚实守信				

任务14：债券投资

在师傅指导带领下，了解债券投资的种类和目的，能够正确进行债券投资的估价和投资收益率的计算，能够根据计算结果判断债券投资方案是否可行，并做出正确的债券投资决策。

【任务目标与质量要求】

明确债券投资的种类和目的，能够正确进行债券投资的估价和投资收益率的计算，能够根据计算结果判断债券投资方案是否可行，并做出正确的债券投资决策。

【学习产出目标】

1. 了解债券投资的种类和目的；
2. 正确进行债券投资估价；
3. 准确计算债券投资收益率；
4. 做出债券投资决策。

【工作程序与方法要求】

● 选择债券投资方案衡量指标	1. 债券投资的估价衡量法，根据评估的债券价格和债券面值相比较来判断债券投资方案是否可行的一种方法。 2. 债券投资的收益率衡量法，是指根据计算的债券投资收益率与收益率标准进行比较进而做出决策的一种方法。	要求：准确选择债券投资方案衡量指标

● 计算债券投资方案衡量指标	1. 债券投资的估价 （1）一般情况下的债券估价模型 $=\sum_{t=0}^{n}[(F_{xi})/(1+k)^t]+F/(1+k)^n$ $=\sum_{t=0}^{n}\frac{I}{(1+k)^t}+\frac{F}{(1+k)^n}$ $P=I(P/A,\ k,\ n)+F(P/F,\ k,\ n)$ 式中，P 为债券价格；i 为债券票面利息率；F 为债券面值；I 为债券每年利息；k 为市场利率或投资人要求的必要收益率；n 为付息总期数。 （2）一次还本付息且不计复利的债券估价模型 $P=(F+F\times i\times n)/(1+K)^n=(F+F\times i\times n)\cdot(P/K,K,n)$ 2. 债券投资的收益率	要求：准确进行债券投资估价和计算债券投资收益率
● 做出债券投资决策	1. 当评估的债券价格大于债券面值时，方案可选；否则，不可选。 2. 当实际债券投资收益率高于收益率标准时方案可选，当实际收益率低于收益率标准时方案不可选。	要求：准确做出债券投资决策

【业务知识】

1. 债券投资的种类和目的

（1）债券投资的目的

企业进行短期投资的目的主要是为了合理利用暂时闲置资金，调节现金余额，获得收益。当企业现金余额太多时，便投资债券，使现金余额降低；反之，当现金余额太少时，则出售原来投资的债券，收回现金，使现金余额提高。企业进行长期债券投资的目的主要是为了获得稳定的收益。

（2）债券投资的种类

企业投资按照不同的标准可以进行不同的分类，这里按债券投资时间将债券投资分为短期债券投资和长期债券投资两类。其中短期债券投资是指在一年以内到期或准备在一年之内变现的投资，长期债券投资是指在一年以上到期且不准备在一年之内变现的投资。

2. 债券投资的特点

（1）投资期限方面。不论长期债券投资，还是短期债券投资，都有到期日，债券到期应当收回本金，投资应考虑期限的影响。

（2）权利义务方面。从投资权利来说，在各种投资方式中，债券投资者的权利最小，无权参与被投资企业的经营管理，只有按约定取得利息，到期收回本金的权利。

（3）收益与风险方面。债券投资收益通常是事前预定的，收益率通常不及股票高，但具有较强的稳定性，投资风险较小。

【工作任务】

【工作任务1】某债券面值为1 000元，票面利率为10%，期限为5年，每年付息一次，某企业要对债券进行投资，当前的市场利率为12%，问债券的价格为多少时才能进行投资？

【任务分析】

$$P=1\,000\times(P/F,12\%,5)+1\,000\times10\%\times(P/A,12\%,5)=927.88(元)$$

即债券的价格必须低于927.88元时，该投资者才能购买。

【工作任务2】 某公司拟购买一家企业发行的利随本清企业债券，其面值为1 000元，票面利率为10%，期限为5年，不计复利。某企业要对债券进行投资，问债券的价格为多少时才能进行投资？

【任务分析】

$$P=(1\,000+1\,000\times10\%\times5)\times(P/F,10\%,5)=931.35(元)$$

即债券的价格必须低于931.35元时，该投资者才能购买。

【工作任务3】 万通公司拟于2017年1月1日以1 010元价格购买大华公司于2014年1月1日发行的面值1 000元，票面利率为10%的5年期债券，若企业投资的必要报酬率为20%，要求：

（1）若该债券为一次还本付息债券，计算收益率并判断是否应进行该支债券的投资？

（2）若该债券为每年末付息一次债券，计算收益率并判断是否应进行该支债券的投资？

【任务分析】

（1）第一种情况下该证券投资的时间序列图如下图所示。

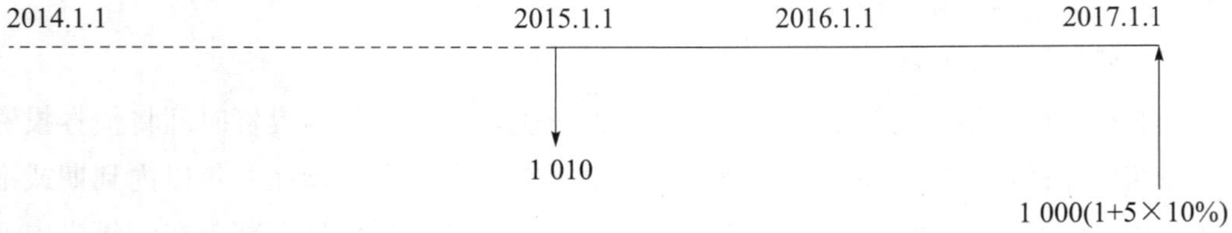

该证券投资的时间序列图

由图可得：$1\,010=1\,000\times(1+5\times10\%)\div(1+i)^2$

即：$1\div(1+i)^2=(P\div F,i,2)=0.673\,3$

当：$i_1=20\%$时，$(P/F,20\%,2)=0.694\,4>0.673\,3$，所以$i>20\%$。

$i_2=24\%$时，$(P/F,24\%,2)=0.650\,4<0.673\,3$，所以$i<24\%$

计算得$i=21.92\%>20\%$，因此，该方案可行。

（2）第二种情况下该证券投资的时间序列图如下图所示。

由公式$P=\sum F_t/(1+i)^t$

$1\,010=100\div(1+i)+1\,100\div(1+i)^2$

即可利用内插法求得$i=9.44\%<20\%$，因此，方案不可行。

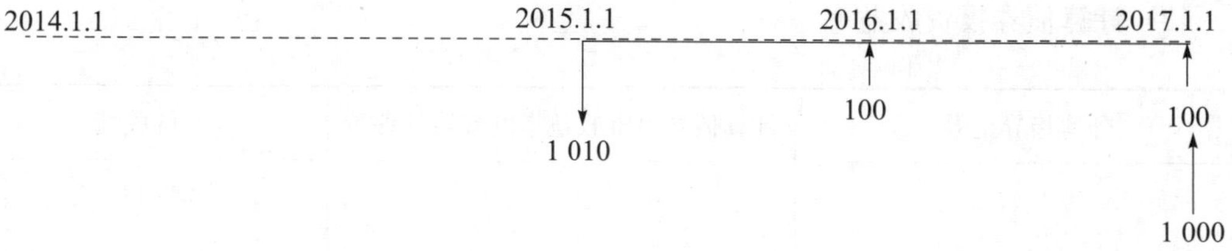

该证券投资的时间序列图

【业务经验】

1. 如何判断债券投资方案是否可行?

进行债券投资估价的基本思路是：当债券的估价高于债券面值时，方案可选；当债券的估价低于债券面值时，方案不可选。债券投资收益率标准的基本思路是：当实际投资收益率高于收益率标准时，方案可选；当实际收益率低于收益率标准时，方案不可选。因此，证券投资对象决策的方法也相应有两种：投资价值的衡量法和投资收益率的衡量法。

2. 如何选择债券估价模型?

一般情况下的债券估价模型是指按复利方式计算的债券价格的估价公式，当债券属于按复利方式计算的债券时，选择一般情况下的债券估价模型；当债券属于一次还本付息且不计复利的债券时，选择一次还本付息且不计复利的债券估价模型。

【工作任务实施记录与评价】

1. 选择债券投资决策衡量指标

师傅指导记录	方法选择准确性评价	评价成绩
		年　月　日

2. 计算债券投资方案的衡量指标

（1）计算债券的价格

师傅指导记录	计算债券价格的准确性评价	评价成绩
		年　月　日

（2）计算债券投资收益率

师傅指导记录	计算债券投资收益率的准确性评价	评价成绩
		年　月　日

（3）判断是否进行债券投资

师傅指导记录	判断是否进行债券投资	评价成绩
		年　月　日

3. 学徒关键职业能力及职业品质、工匠精神评价

项目	A	B	C	D
工作态度				
吃苦耐劳				
团队协作				
沟通交流				
学习钻研				
认真负责				
诚实守信				

任务 15：基金投资

在师傅指导带领下，知道基金投资的种类，能够正确进行基金的价值和基金收益率的计算，能够根据计算结果判断基金投资方案是否可行，并做出正确的基金投资决策。

【任务目标与质量要求】

明确基金投资的种类，能够正确进行基金的价值和基金收益率的计算，能够根据计算结果判断基金投资方案是否可行，并做出正确的基金投资决策。

【学习产出目标】

1. 知道基金投资的种类；
2. 正确计算基金价值；
3. 准确计算基金收益率；
4. 做出基金投资决策。

【工作程序与方法要求】

步骤	内容	要求
● 选择基金投资方案衡量指标	1. 基金的价值 2. 基金收益率	要求：准确选择基金投资方案衡量指标
● 计算基金投资方案衡量指标	1. 基金价值的计算 基金单位净值亦称为单位净资产值或单位资产净值，是某一时点每一基金单位的市价，其计算公式为 基金单位净值 = 基金净资产价值总额 ÷ 基金单位总份数 2. 基金投资收益率的计算 基金收益率用以反映基金增值的情况，它通过基金净资产的价值变化来衡量。其计算公式为 $基金收益率=\frac{年末持有份数\times基金单位净值年末数-年初持有份数\times基金单位净值年初数}{年初持有份数\times基金单位净年初数}$ 式中，持有份数是指基金单位持有份数，如果年末和年初基金单位的持有份数相同，基金收益率就简化为基金净值在本年内变化幅度。年初基金单位净值相当于购买基金的本金投资，基金收益率相当于投资报酬率。	要　求：准确进行基金估价和计算基金投资收益率
● 做出基金投资决策	1. 要看基金净值的增长率，当基金价值一样时，选择基金净值增长率高的方案。 2. 当实际基金投资收益率高于收益率标准时，方案可选；当实际收益率低于收益率标准时，方案不可选。	要求：准确做出基金投资决策

【业务知识】

1. 基金投资的含义

投资基金是一种利益共享、风险共担的集合投资方式，即通过发行基金股份或受益凭证等有价证券聚集众多的不确定投资者的出资，交由专业投资机构经营运作，以规避投资风险并谋取投资收益的证券投资工具。

2. 基金投资的种类

（1）根据组织形态分类。根据组织形态的不同，基金可分为契约型基金和公司型基金两类。

（2）根据变现方式分类。根据变现方式的不同，基金可分为封闭式基金和开放式基金两类。

（3）根据投资标的分类。根据投资标的不同，基金可分为：股票基金、债券基金、货币基金、期货基金、期权基金、认股权证基金、专门基金。

【工作任务】

【工作任务 1】

2018 年 6 月 1 日，某基金资产价值总额为 2 500 万元，基金总份额为 1 200 万，评估该基金单位净值？

【任务分析】 基金单位净值是某一时点每一基金单位的市价，其计算公式为

基金单位净值＝基金净资产价值总额÷基金单位总份数

基金单位净值＝2 500÷1 200＝2.08

【工作任务 2】 2017 年 1 月 1 日，××公司年初持有某基金份额 200 万，基金单位净值 3.2 元，2017 年年末持有份额变为 280 万，基金单位净值 3.7 元，计算该公司基金收益率？

【任务分析】

基金收益率用以反映基金增值的情况，它通过基金净资产的价值变化来衡量。其计算公式为

$$基金收益率=\frac{年末持有份数\times基金单位净值年末数-年初持有份数\times基金单位净值年初数}{年初持有份数\times基金单位净年初数}$$

基金收益率＝(2 800 000×3.7－2 000 000×3.2)÷2 000 000×3.2＝61.88％

【业务经验】

1. 为什么说基金的价值取决于基金净资产的现在价值?

由于投资基金不断变换投资组合，未来收益较难预测，再加上资本利得是投资基金的主要收益来源，变幻莫测的证券价格使得资本利得难以预测，因此基金的价值主要由基金资产的现有市场价值决定。

2. 开放式基金的柜台交易价格怎么制定的?

开放式基金的柜台交易价格完全以基金单位净值为基础，通常采用认购价（卖出价）和赎回价（买入价）两种报价形式。

基金认购价＝基金单位净值＋首次认购费

基金赎回价＝基金单位净值－基金赎回费

3. 基金投资存在哪些优缺点?

基金投资的优点：能够在不承担太大风险的情况下获得较高收益；具有专家理财优势和资金规模优势。

基金投资的缺点：无法获得很高的投资收益。投资基金在投资组合过程中，在降低风险的同时，也丧失了获取巨额收益的机会；在大盘整体大幅度下跌的情况下，投资人可能承担较大风险。

【工作任务实施记录与评价】

1. 选择基金投资决策衡量指标

师傅指导记录	方法选择准确性评价	评价成绩
		年　月　日

2. 计算基金投资方案的衡量指标

（1）计算基金的净值

师傅指导记录	计算基金净值的准确性评价	评价成绩
		年　月　日

（2）计算基金投资收益率

师傅指导记录	计算基金投资收益率的准确性评价	评价成绩
		年　月　日

3. 学徒关键职业能力及职业品质、工匠精神评价

项目	A	B	C	D
工作态度				
吃苦耐劳				
团队协作				
沟通交流				
学习钻研				
认真负责				
诚实守信				

任务 16：最佳现金持有量的确定

在师傅指导带领下，梳理项目已有资料，选取模型，根据已有资料测算现金管理成本和企业最佳现金持有量。

【任务目标与质量要求】

能够独立准确测算现金管理成本，熟练运用成本模型和存货模型计算企业最佳现金持有量。

【学习产出目标】

1. 学生能够评价企业持有现金的动机；
2. 计算持有现金成本；
3. 确定企业最佳现金持有量。

【工作程序与方法要求】

步骤	内容	要求
● 确定项目已有资料	梳理项目已有资料： (1) 持有成本，包括管理费用、机会成本。 (2) 转换成本，转换的次数和每次固定转换费用。 (3) 短缺成本，与现金持有量反向变动关系。	要求：准确区分成本，准确计算
● 根据已有资料，选择模型	(1) 成本分析模式。运用成本分析模式确定最佳现金持有量时，只考虑因持有一定量的现金而产生的机会成本及短缺成本，而不予考虑管理费用和转换成本。 (2) 存货模型。运用存货模式确定最佳现金持有量时，对短缺成本不考虑，只对机会成本和固定性转换成本予以考虑。即现金管理总成本 = 机会成本 + 固定性转换成本	要求：合理选择正确的模式
● 计算最佳现金持有量	(1) 成本分析模式下：最佳现金持有量是机会成本和短缺成本的焦点，是总成本最低的点，其对应的现金持有量 (Q_0) 是最佳现金持有量； (2) 存货模式下：最佳现金持有量以 TC 表示现金管理的相关总成本；Q 表示最佳现金持有量；R 表示现金的机会成本，即有价证券的利息率；A 表示某一时期内现金总需求量；F 表示每次有价证券与现金的转换成本。则现金管理的相关成本的计算公式为 $\mathrm{TC}=QR/2+\mathrm{AF}/Q$，使总成本 $\mathrm{TC}=QR/2+AF/Q$ 最低的现金持有量 Q_0，才是最佳持有量。	要求：熟练应用两种模式计算最佳现金持有量

【业务知识】

1. 企业持有现金的成本通常由以下三个部分组成。

(1) 持有成本。持有成本是企业因保留一定的现金余额而发生的管理费用及由此而丧失的再投资收益(机会成本)。

①管理费用。管理费用是由于对现金进行管理而增加的费用。企业保留现金，对现金进行管理，会发生一定的管理费用，

②机会成本。机会成本是企业持有现金后，就不能以所持现金进行对外投资，从而丧失掉可能的投资收益，形成闲置现金的机会成本。

(2) 转换成本。转换成本是指企业用现金购入有价证券以及转让有价证券换取现金时付出的交易费用，即现金同有价证券之间相互转换的成本，如委托买卖佣金、委托手续费、证券过户费、实物交割手续费等。

(3) 短缺成本。现金的短缺成本，是指在现金持有量不足而又无法及时通过有价证券变现加以补充而给企业造成的损失，现金的短缺成本与现金持有量呈反方向变动关系。

2. 成本分析模式

成本分析模式是根据现金有关成本，分析预测其总成本最低时现金持有量的一种方法。运用成本分析模式确定最佳现金持有量时，只考虑因持有一定量的现金而产生的机会成本及短缺成本，而不予考虑管理费用和转换成本。

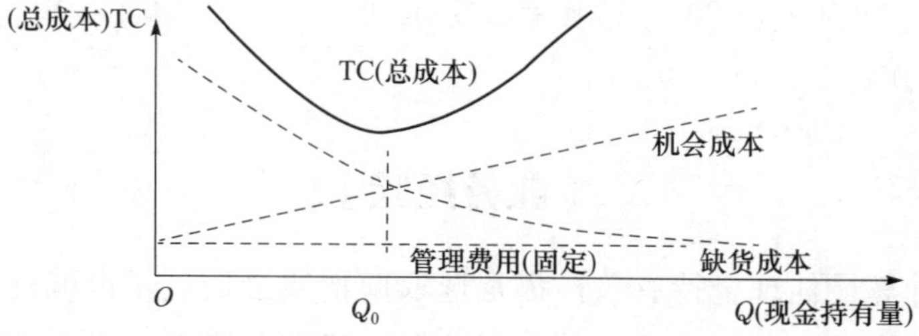

从图中可见，由于各项成本同现金持有量的变动关系不同，使得总成本曲线呈抛物线形，抛物线的最低点，即为总成本最低点，其对应的现金持有量(Q_0)是最佳现金持有量。

3. 存货模式

存货模式的目的是求出能够使现金管理的机会成本与转换成本之和保持最低的现金持有量。当持有现金的机会成本与证券变现的交易成本相等时，现金管理的总成本最低，此时的现金持有量即为最佳现金持有量。

【工作任务】

【工作任务1】

××企业预计全年现金总需要量为20万元，其收支状况较稳定，每次有价证券变现的固定费用为2 000元。计算最佳现金持有量、最低现金管理成本、证券变现次数及

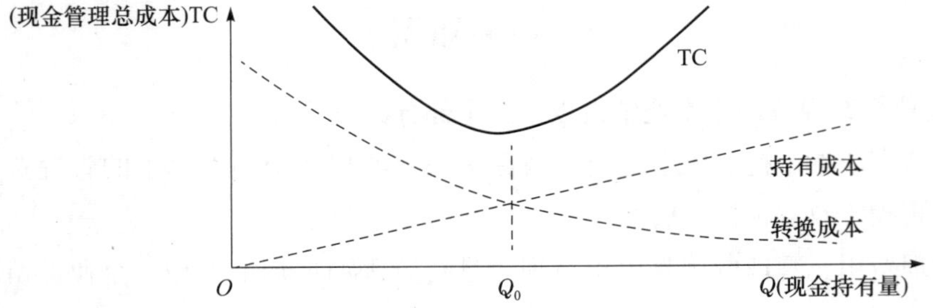

时间。已知有价证券利率为 8%。

【任务分析】 A=200 000 元，R=8%，F=2 000 元

$Q=\sqrt{2\times 200\ 000\times 2\ 000\div 8\%}=100\ 000$(元)

$TC=\sqrt{2\times 200\ 000\times 2\ 000\times 8\%}=8\ 000$(元)　　$A/Q=200\ 000\div 100\ 000=2$

因此，企业最佳现金持有量为 10 万元，最低现金管理成本为 8 000 元，证券实现次数为 2。

【工作任务 2】 ××企业 2018 年现金总需要量为 400 000 元，预计 2019 年总需要量增加 50%。假定年内收支状况稳定，每次买卖有价证券发生的固定费用为 1 200 元，证券市场平均利率为 10%。使用存货模型求 Q、TC、A/Q。

【任务分析】 A=400 000×(1+50%)=600 000 元,R=10%,F=1 200 元

$Q=\sqrt{2\times 600\ 000\times 1\ 200\div 10\%}=120\ 000$(元)

$TC=\sqrt{2\times 600\ 000\times 1\ 200\times 10\%}=12\ 000$(元)

$A/Q=600\ 000/120\ 000=5$

【业务经验】

两个模式计算最佳现金持有量，都是选取抛物线最低点，也就是总成本最小时，即为最佳现金持有量。需要注意的是，两种方法下现金管理总成本的构成是不同的。另外，用导数的方法求极小值也需要较强的数学运算能力。

【工作任务实施记录与评价】

1. 现金管理成本测算

师傅指导记录	计算准确性评价	评价成绩
		年　月　日

2. 成本分析模式计算最佳现金持有量

师傅指导记录	计算准确性评价	评价成绩
		年　月　日

3. 存货模式计算最佳现金持有量

师傅指导记录	计算准确性评价	评价成绩
		年　月　日

4. 学徒关键职业能力及职业品质、工匠精神评价

项目	A	B	C	D
工作态度				
吃苦耐劳				
团队协作				
沟通交流				
学习钻研				
认真负责				
诚实守信				

任务 17：分散收账收益净额的计算

在师傅引导带领下，理解分散收账收益净额的公式并进行准确计算。

【任务目标与质量要求】

根据企业实际情况，选择适当的现金回收方式，理解分散收账收益净额的公式并进行准确计算。

【学习产出目标】

理解银行业务集中法并准确计算分散收账收益净额。

【工作程序与方法要求】

● 确定项目已有条件	梳理项目现有条件： （1）分散收账前应收账款投资额。 （2）分散收账后应收账款投资额。 （3）企业综合资金成本率。 （4）因增设收账中心每年增加费用额。	要求：准确区分
● 计算分散收账收益	根据计算的分散收款收益净额，在权衡利弊得失的基础上，做出是否采用银行业务集中法的决策。	要求：计算准确
● 做出是否采用银行业务集中法的决策	分散收账收益净额 =(分散收账前应收账款投资额 - 分散收账后应收账款投资额)× 企业综合资金成本率 - 因增设收账中心每年增加费用额	要求：决策正确

【业务知识】

现金回收的管理

现金回收管理的目的是尽快收回现金，加速现金的周转。为此，企业应建立销售与收款业务控制制度，并且根据成本与收益比较原则选用适当方法加速账款的收回。

现金回收主要采用的方法有邮政信箱法和银行业务集中法两种。

（1）邮政信箱法。邮政信箱法又称锁箱法，是西方企业加速现金流转的一种常用方法。企业可以在各主要城市租用专门的邮政信箱，并开立分行存款账户，授权当地银行每日开启信箱，在取得客户支票后立即予以结算，并通过电汇将货款拨给企业所在地银行。该方法缩短了支票邮寄及在企业的停留时间，但成本较高。

（2）银行业务集中法。银行业务集中法是一种通过建立多个收款中心来加速现金流转的方法。在这种方法下，企业指定一个主要开户行（通常是总部所在地）为集中银行，并在收款额较集中的若干地区设立若干个收款中心；客户收到账单后直接汇款到当地收款中心，中心收款后立即存入当地银行；当地银行在进行票据交换后立即转给企业总部所在地银行。该方法缩短了现金从客户到企业的中间周转时间，但在多处设立收账中心，增加了相应的费用支出。为此，企业应在权衡利弊得失的基础上，做出是否采用银行业务集中法的决策，这需要计算分散收账收益净额。其计算公式为

分散收账收益净额＝(分散收账前应收账款投资额－分散收账后应收账款投资额)×企业综合资金成本率－因增设收账中心每年增加费用额

【工作任务】 ××企业分散收账前应收账款为 400 万元，分散收款后应收账款为

300 万元，经测算，企业增加收款中心预计每年多增加支出 2 万元，企业加权平均的资本成本为 10%。试分析该企业是否应采用多个收款中心法。

【任务分析】 分散收账收益净额＝(400－300)×10%－2＝8(万元)

说明企业建立多个收款中心，可获得净收益 8 万元。因此，企业应采用多个收款中心法。

【业务经验】

现金回收管理的症结所在是回收时间。如何缩短收现时间，加速资金周转是现金回收管理要解决的问题。银行业务集中法是常用的一种方法。

【工作任务实施记录与评价】

1. 分散收款收益净额的计算

师傅指导记录	计算准确性评价	评价成绩
		年 月 日

2. 判断是否采取银行业务集中法

师傅指导记录	决策准确性评价	评价成绩
		年 月 日

3. 学徒关键职业能力及职业品质、工匠精神评价

项目	A	B	C	D
工作态度				
吃苦耐劳				
团队协作				
沟通交流				
学习钻研				
认真负责				
诚实守信				

任务 18：应收账款成本的计算

在师傅指导带领下，理解机会成本、管理成本、坏账成本的含义及计算公式并进行准确计算。

【任务目标与质量要求】

准确计算应收账款的机会成本、管理成本、坏账成本。

【学习产出目标】

1. 能够准确区分判断机会成本、管理成本和坏账成本；
2. 理解并掌握应收账款成本计算公式。

【工作程序与方法要求】

● 确定项目已有资料	梳理项目已有资料： （1）全年赊销总额、平均收账天数、变动成本率、资本成本率。 （2）年赊销额、坏账率。	要求：准确区分成本，准确计算
● 计算应收账款成本	企业应收账款成本包括机会成本、管理成本、坏账成本。 应收账款的机会成本 = 应收账款的年均资金占用额 × 资本成本率 坏账成本 = 年赊销额 × 坏账率	要求：计算准确

【业务知识】

1. 应收账款的产生

应收账款是企业因对外赊销产品、材料、供应劳务等应向购货或接受劳务单位收取的款项。应收账款的主要功能是促进销售和减少存货。它是一个广义的概念，包括会计核算中的应收账款、应收票据、预付账款及其他应收款等。

2. 应收账款的优缺点与管理目标

（1）应收账款的优点

①有利于扩大销售，增加销售收入。

②有利于减少积压存货，从而有利于减少存货的仓储保管费用、残存霉变损失以及存货占用资金的机会成本等存货管理成本。

（2）应收账款的缺点

①赊销方式下会产生应收账款，而应收账款的产生必然会引起坏账，形成坏账损失。

②赊销方式下会产生应收账款，企业为催收应收账款必然要支付大量的管理费用。

③赊销方式下会产生应收账款，应收而未收回的资金在一段时间内被客户无偿地占用，企业就会丧失对这笔资金进行再投资的机会和机会收益，从而增加了机会成本。

④销售收入与现金流入不一致。

（3）应收账款的管理目标

应收账款利弊共存，企业应在收益与成本比较原则的基础上，做出科学的信用标准、信用条件和收账政策决策方案、收账成本和坏账损失，从而达到应收账款投资的有效利用。

在发挥应收账款强化竞争，扩大销售收入优点的同时，降低应收账款的机会成本。

【工作任务】

【任务1】 ABC企业预计全年赊销额为300万元，应收账款平均收账天数为30天，变动成本率为60%，资金成本率为8%，则应收账款的机会成本为多少？

【任务分析】 应收账款的机会成本＝应收账款的年均资金占用额×资本成本率

应收账款的年均资金占用额＝应收账款的年均余额×变动成本率

应收账款年均余额＝全年赊销总额/应收账款周转率＝全年赊销总额×应收账款平均收账天数÷360

应收账款的机会成本＝全年赊销总额×平均收账天数÷360×变动成本率×资本成本率

应收账款年均余额＝300×30÷360＝25(万元)

应收账款的年均资金占用额＝25×60%＝15(万元)

应收账款的机会成本＝15×8%＝1.2(万元)

3. 坏账成本

【任务2】 ABC企业预计全年赊销额为300万元，坏账准备率2%，则应收账款的坏账成本为多少？

【任务分析】 应收账款的坏账成本是指应收账款所存在的无法收回的可能性给企业带来的损失。这一成本一般与应收账款数量同方向变动，即应收账款越多，坏账成本也越多。因此，在坏账率不变的情况下，它与应收账款数量成正比例变动。

坏账成本＝年赊销额×坏账率

应收账款的坏账成本＝300×2%＝6(万元)

【业务经验】

在计算应收账款的机会成本时需要注意：（1）若题目中给出赊销比例，则应按照赊销额计算应收账款平均余额及机会成本；（2）平均收账期未必是信用期，应依据各种收账期及其所占比重加权平均计算。

【工作任务实施记录与评价】

1. 机会成本的计算

师傅指导记录	计算准确性评价	评价成绩
		年　月　日

2. 坏账成本的计算

师傅指导记录	计算准确性评价	评价成绩
		年　月　日

3. 学徒关键职业能力及职业品质、工匠精神评价

项目	A	B	C	D
工作态度				
吃苦耐劳				
团队协作				
沟通交流				
学习钻研				
认真负责				
诚实守信				

任务 19：应收账款信用政策的制定

在师傅引导带领下，理解并利用“5C”评估法来评价客户的信用状况；计算改变信用期对净损益的影响额，进一步判断是否应该放宽信用期限；准确判断饱和点来制定收款政策。

【任务目标与质量要求】

1. 利用“5C”评估法来评价客户的信用状况；
2. 正确计算并判断信用期限；
3. 准确判断饱和点，制定收账政策。

【学习产出目标】

1. 客观评价客户的信用状况；
2. 计算改变信用期对净损益的影响额；
3. 判断饱和点。

【工作程序与方法要求】

● 评价客户信用状况	“5C”评估法来评价客户的信用状况，即品质 (Character)、能力 (Capability)、资本 (Capital)、抵押 (Collateral)、条件 (Conditions)	要求：评估全面、准确
● 确定信用期限	(1) 计算改变现行信用期增加的收益额。其计算公式为收益额增加额 = 销售量的增加 × 单位边际贡献 (2) 计算增加信用期引起应收账款占用资金应计利息的增加额。其计算公式为 应收账款应计利息 = 日销售额 × 平均收现期 × 变动成本率 × 资本成本率 (3) 计算收账费用和坏账损失增加额。 (4) 计算改变信用期对净损益的影响额。	要求：熟练运用公式，计算准确
● 制定收账政策	判断饱和点法 判断催账成本与坏账损失的关系，催账费用支出越多，坏账损失越少，一旦催账费用达到某一限度后，应收账款和坏账损失的减少就不再明显了。这个限度称为饱和点。即催账费用的边际增加额恰好等于坏账的边际减少额及收回账款的再投资边际投资收益额。	要求：计算准确

【业务知识】

应收账款管理的目的主要是确定一个最佳应收账款投资水平，即制定出科学、合理的应收账款信用政策，在扩大销售额与降低相关成本之间取得最佳平衡。信用政策是应收账款的管理政策，是公司为对应收账款进行规划和控制而确立的基本原则与行为规范，包括信用标准、信用条件和收账政策。

（一）信用标准

信用标准是指顾客获得企业提供交易信用所应具备的基本条件。如果顾客达不到信用标准，便不能享受企业的信用或只能享受较低的信用优惠。企业在确定客户的信用标准时，可用“5C”评估法来评价客户的信用状况，即品质（Character）、能力（Capability）、资本（Capital）、抵押（Collateral）、条件（Conditions）。

（二）信用期限

信用期限是指企业决定给予客户信用优惠后，要求客户付款的最长期限。

信用期过短，难以吸引顾客，导致企业销售额下降；信用期放长，虽然能够增加企业的销售额，但同时也会增加应收账款的成本费用。信用期的确定，主要是分析改变现行信用期对收入和成本的影响。如果改变现行信用期使增加的销售收入大于增加的相关成本，应延长信用期，否则不宜延长；如果缩短信用期，情况与此相反。

（三）收账政策

收账政策是指当客户违反信用条件，拖欠甚至拒付账时，企业所采取的收账策略与措施。企业如果采取较积极的收账政策，可能会减少应收账款的投资，减少坏账损失，但同时会增加收账成本；企业如果采取较消极的收账政策，可能会增加应收账款的投资，增加坏账损失，但同时会减少收账成本。在实际工作中，可参照测算信用标准、信用条件的方法来制定收账政策。

【工作任务】

甲企业现在采用30天按发票金额付款的信用政策，拟将信用期放宽至60天，该公司的投资最低报酬率为10%，其他有关资料如下表所示。试分析是否应该放宽信用期。

甲企业相关信息一览表

项目	30天信用期	60天信用期
销售数量/件	20 000	30 000
销售收入/元（单价：5元/件）	100 000	150 000
销售成本/元 变动成本/（3元/件） 固定成本/元	 60 000 30 000	 90 000 30 000
毛利/元	10 000	30 000
预计收账费用/元（3%）	3 000	4 500
预计坏账费用/元（5%）	5 000	7 500

【任务分析】

(1) 计算收益的增加额：

(30 000－20 000)×(5－3)＝20 000(元)

(2) 计算应收账款机会成本的增加额（即应计利息增加额）：

30 天信用期机会成本＝100 000÷360×30×3÷5×10%＝500(元)

60 天信用期机会成本＝150 000÷360×60×3÷5×10%＝1 500(元)

应计利息增加＝1 500－500＝1 000(元)

(3) 计算收账费用和坏账费用增加额：

收账费用增加＝4 500－3 000＝1 500(元)

坏账费用增加＝7 500－5 000＝2 500(元)

(4) 计算改变信用期对损益的影响额：

20 000－(1 000＋1 500＋2 500)＝15 000(元)

由于收益增加大于成本费用增加，所以，应采用 60 天信用期。

【业务经验】

1. 用“5C”评估法评价企业信用状况时需要考虑哪些因素?

首要考虑因素为品质，直接影响应收账款的回收速度和回收数额，其次企业的偿债能力、负债比率、流动比率、速动比率等财务指标是重点评估因素，经营方式、经营手段、经济环境等宏观因素也需要重点关注。

2. 催账成本与坏账损失的关系

一般而言，收账费用支出越多，坏账损失越少，但两个指标之间并不存在线性关系。通常情况是在最初支出催账费用时，不会使呆、坏账减少多少。随着催账费用支出的增加，呆、坏账减少的幅度在明显增强。

但是，一旦催账费用达到某一限度后，应收账款和坏账损失的减少就不再明显了，这个限度称为饱和点。超过饱和点，随着催账费用支出的继续增加，呆、坏账减少的幅度开始减弱，此时，继续增加催账费用的行为得不偿失。企业在制定信用政策时，应权衡增加收账费用与减少应收账款的机会成本和坏账损失之间的得失。

3. 如何判断饱和点?

随着催账费用支出对降低坏账的作用的减弱，若催账费用的边际增加额恰好等于坏账的边际减少额及收回账款的再投资边际投资收益额，一般认为达到与饱和点。

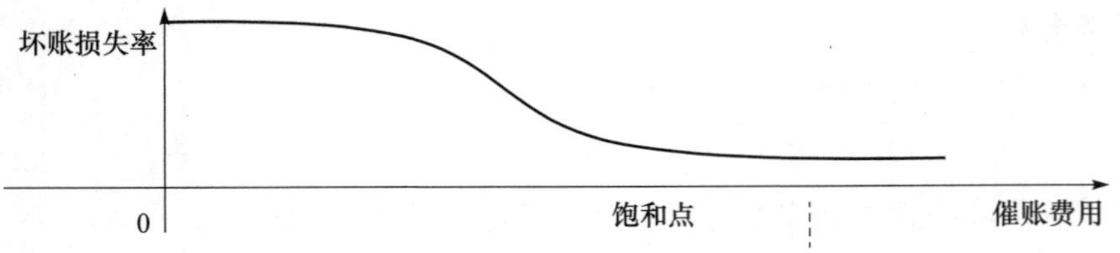

【工作任务实施记录与评价】

1. “5C”评估法评价信用状况

师傅指导记录	评估质量评价	评价成绩
		年　月　日

2. 计算改变信用期对损益的影响额

师傅指导记录	计算准确性评价	评价成绩
		年　月　日

3. 判断饱和点

师傅指导记录	判断准确性评价	评价成绩
		年　月　日

4. 学徒关键职业能力及职业品质、工匠精神评价

项目	A	B	C	D
工作态度				
吃苦耐劳				
团队协作				
沟通交流				
学习钻研				
认真负责				
诚实守信				

任务 20：应收账款的分析

在师傅引导带领下，对企业应收账款进行追踪分析，全面完整的进行企业应收账款账龄分析，计算应收账款的收现保证率。

【任务目标与质量要求】

进行全面的应收账款账龄分析；准确计算应收账款的收现保证率，以确定应收账款收现的最低控制标准。

【学习产出目标】

1. 填制应收账款账龄结构分析表进行分析；
2. 准确计算应收账款的收现保证率，确定应收账款收现的最低控制标准。

【工作程序与方法要求】

● 对应收账款进行账龄分析	1. 将企业应收账款账龄按照逾期的期限进行划分归类汇总 2. 计算逾期应收账款金额所占的比重 3. 填制应收账款账龄结构分析表进行分析	要求：分类准确，计算正确
● 计算应收账款收现最低控制标准	计算应收账款的收现保证率，确定应收账款收现程度的最低控制标准 应收账款收现保证率 =(当期必须的现金支付总额 − 当期预计其他稳定可靠的现金来源额)/ 当期应收账款总额	要求：熟练运用公式，准确计算。

【业务知识】

1. 应收账款的账龄分析

应收账款账龄分析是企业在某一时点，将发生的各笔应收账款按开票日期进行归类（即确定账龄），并计算各账龄应收账款余额占应收账款总额的百分比。

应收账款逾期的时间越短，收回的可能性越大，坏账损失的程度越小；反之，应收账款逾期的时间越长，收回的可能性越小，坏账损失的程度越大。也就是说：账龄越短，坏账损失的程度越小；反之，账龄越长，坏账损失的程度越大。

2. 应收账款的收现率分析

应收账款的收现率是指必须收现的应收账款占全部应收账款的比率，是应收账款收现程度的最低控制标准。其计算公式为：应收账款收现保证率=（当期必须的现金支付总额一当期预计其他稳定可靠的现金来源额）÷当期应收账款总额

预计其他现金来源额是指从应收账款收现以外的途径可以取得的各种稳定的、可靠的现金流入数额。包括短期有价证券变现净值、可随时取得的银行贷款等。

【工作任务】 2018 年 10 月 31 日，甲企业应收账款账龄结构表如下表所示，分析该企业应收账款的坏账可能性。

甲企业应收账款账龄结构表

应收账款账龄	账户数量/个	金额/万元	比重/%
信用期内（6 个月）	50	4 500	56.25
超过信用期 1 个月内	40	1 500	18.75
超过信用期 2 个月内	20	600	7.5
超过信用期 3 个月内	10	100	1.25
超过信用期 4 个月内	15	250	3.125
超过信用期 5 个月内	25	250	3.125
超过信用期 6 个月内	10	200	2.5
超过信用期 6 个月以上	30	600	7.5
合计	200	8 000	100

【任务分析】 赊销信用期越短，应收账款的过期数额、比重及坏账风险相应越高。从表中可以看出，该企业应收账款余额中，有 4 500 万元还在信用期内，仅占全部应收账款的 56.25%；过期数额 3 500 万元，占全部应收账款的 43.75%。其中逾期 1、2、3、4、5、6 个月内的分别为 18.75%、7.5%、1.25%、3.125%、3.125%、2.5%，另有 7.5%的应收账款已逾期半年以上。此时企业应对应收账款给予足够的重视。一般而言，账款的逾期时间越短，收回的可能性越大，坏账损失的风险越小；反之，收账的难度以及坏账损失的风险越大。

【业务经验】

如何进行应收账款的追踪分析？

货款一旦被客户拖欠，赊销企业就必须考虑如何按期足额收回货款。因此，必须在收款之前对应收账款进行追踪分析。通过追踪分析，有利于赊销企业准确预测应收

的账款发生坏账风险的可能性，进而研究和制定有效收账对策，提高收账效率，减少坏账损失。

需要注意的是，应收账款追踪分析的重点对象是全部赊销的客户、赊销金额较大的客户、资信品质较差的客户和超过信用期的客户。

【工作任务实施记录与评价】

1. 应收账款账龄结构表的填制

师傅指导记录	账龄结构表填制准确性评价	评价成绩
		年　月　日

2. 应收账款收现保证率的计算

师傅指导记录	计算准确性评价	评价成绩
		年　月　日

3. 学徒关键职业能力及职业品质、工匠精神评价

项目	A	B	C	D
工作态度				
吃苦耐劳				
团队协作				
沟通交流				
学习钻研				
认真负责				
诚实守信				

任务21：存货成本计算

在师傅引导带领下，学生能够运用相关知识确定存货形成过程的资金占用额，即存货成本。

【任务目标与质量要求】

1. 了解企业存货成本的种类；
2. 掌握计算存货成本的方法。

【学习产出目标】

准确计算存货成本。

【工作程序与方法要求】

●计算采购成本	在一年内的采购总成本 $A \times P$ 是保持相对稳定的，与存货的进货批量 Q 无关，属于一项与决策无关的成本。(A 指一年内总进货量，P 指进货单价)	要求：计算准确
●计算进货成本	与每次进货量的多少无关的这类进货费用额每次为 F(即设每次进货的固定的进货费用为 F)，一年内的该类进货总成本为 $N \times F=A/Q \times F$。可见，该类进货成本 $A/Q \times F$ 与进货批量 Q 决策有关，属于与决策有关的成本。	要求：计算准确
●计算储存成本	在一定时期内，企业储存每一件存货所承担的保险费、残损霉变损失成本都固定不变，可设这类变动性储存成本为 C，那么，在这段时期企业储存整批存货的储存成本总额为 $Q/2 \times C$，与 Q 成正比，属于一项与决策相关的成本。	要求：计算准确
●计算缺货成本	一般情况下缺货成本为0，但缺货成本能否作为决策的相关成本，应视企业是否允许出现存货短缺的不同情形而定。若允许缺货，则缺货成本便与存货数量反向相关，即属于决策相关成本。	要求：根据企业实际情况而定

【业务知识】

存货的成本主要有：

1. 采购成本

采购成本是存货的进价成本，又称购置成本，是存货本身的价值。在一定时期内，假设物价不变且无采购数量折扣，如果存货的总进货量 A 一定，无论企业的采购次数 n 及进货批量 Q 如何变动，总进货量 $n\times Q=A$ 固定不变。由此可见，在一年内的采购总成本 $A\times P$ 是保持相对稳定的，与存货的进货批量 Q 无关，属于一项与决策无关的成本，在决策时无须考虑。

2. 进货成本

进货成本是采购过程中的进货费用。例如企业为组织进货而支出的办公费、差旅费、邮电费、运输费等。此项费用分两类：一类与每次的进货量多少有关（成正比例变动的关系），另一类与每次的进货量的多少无关。

与进货量成正比例变动关系的这类进货费用额每次为 $Q\times P$（P 为每次进货的单位该类进货成本），由于在一定时期（一年）内存货的总进货量 A 一定，因而在一年内该类进货总成本为 $Q\times n\times P=A\times P$。可见，该类进货成本 $A\times P$ 与存货的进货批量 Q 无关，属于一项与决策无关的成本。

3. 储存成本

储存成本是企业为持有存货而发生的仓储费、保险费、残存霉变损失等费用。储存成本可以按照与储存数额的关系分为变动性储存成本和固定性储存成本两类。其中，固定性储存成本与存货储存数额的多少没有直接联系，这类成本属于决策的无关成本；而变动性储存成本则与存货储存数额成正比例变动关系，这类成本属于决策的相关成本。

4. 缺货成本

缺货成本是因存货不足而给企业带来的停产损失、延误发货的信誉损失，以及丧失销售机会的损失等。

企业对由于缺货而带来的严重损失有充分的认识，为避免缺货损失成本，企业一般都预留足够的保险储备量以防范缺货，因而一般情况下缺货成本为 0，属于一项与经济进货批量决策无关的成本。

【业务经验】

一般情况下企业的存货成本是采购成本、进货成本和储存成本之和，不存在缺货成本。但缺货成本能否作为决策的相关成本，应视企业是否允许出现存货短缺的不同情形而定。若允许缺货，则缺货成本便与存货数量反向相关，即属于决策相关成本。

【工作任务实施记录与评价】

1. 准确判断属于哪一类成本

师傅指导记录	判断准确性评价	评价成绩
		年 月 日

2. 判断成本是否与决策相关?

师傅指导记录	判断准确性评价	评价成绩
		年 月 日

3. 学徒关键职业能力及职业品质、工匠精神评价

项目	A	B	C	D
工作态度				
吃苦耐劳				
团队协作				
沟通交流				
学习钻研				
认真负责				
诚实守信				

任务 22：存货经济进货批量基本模型

在师傅指导带领下，计算在没有数量折扣时的经济进货批量和存货成本总额；计算得到数量折扣时的进货成本总额。比较进货成本总额，确定有数量折扣的经济进货批量。确定允许缺货时的经济进货批量。

【任务目标与质量要求】

1. 计算在没有数量折扣时的经济进货批量和存货成本总额；
2. 计算得到数量折扣时的进货成本总额；
3. 比较进货成本总额，确定有数量折扣的经济进货批量；
4. 确定允许缺货时的经济进货批量。

【学习产出目标】

1. 确定有数量折扣的经济进货批量；
2. 确定允许缺货时的经济进货批量。

【工作程序与方法要求】

● 计算有数量折扣的经济进货批量	计算经济进货批量 Q_1，并计算包含采购成本在内的与 Q 有关的总成本 TC_1。TC= 储存成本＋进货成本＋采购成本 $=Q/2\times C+A/Q\times F+A\times P(1-CD)$	要求：计算准确
	如果 Q_1 大于以可享受数量折扣的最低进货量 Q_2，则 Q_1 为经济进货批量；若 $Q_1<Q_2$，则应当再计算与 Q_2 有关的总成本 TC_2，其中，TC_2 包括已扣除了数量折扣后的采购成本。TC= 储存成本＋进货成本＋采购成本 $=Q\div 2\times C+A\div Q\times F+A\times P(1-CD)$	要求：计算准确
● 不允许缺货时经济进货批量的确定	比较 TC_1 与 TC_2 并选择总成本较小的进货量 Q_1 或 Q_2 为经济进货批量，或公式 $Q=\sqrt{2AF/C}$	要求：判断准确
● 允许缺货时经济进货批量的确定	年存货成本＝订货成本＋储存成本＋缺货成本。设缺货量为 S，单位缺货成本为 R，其他符号同上，则有 $Q=\sqrt{2AF/C\times(C+R)R}$，$S=QC\div(C+R)$	要求：计算正确

【业务知识】

1. 经济进货批量基本模型

经济进货批量基本模型，是以许多假设为前提的，包括不允许出现缺货情形，故不存在缺货成本。在这些前提下，与存货订购批量 Q 决策相关的就只有进货成本和储存成本两项。这样，进货费用与储存成本总和最低水平下的进货批量，就是经济进货批量。

经济进货批量基本模型的基本思路：是能够使得一定时期与存货储备量 Q 有关的各项成本之和 TC 达到最低点的存货进货数量。存货经济进货批量控制的基本思路：求出一个最佳存货进货数量，使得当企业按该进货批量进货时，与存货储备量 Q 有关的各项成本之和 TC 达到最低状态。

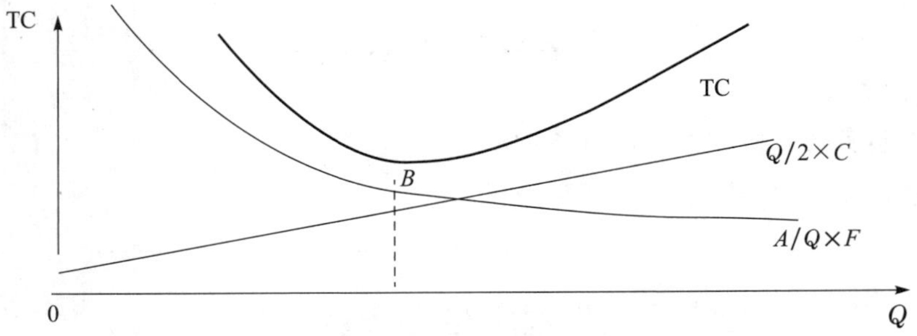

经济进货批量基本模型示意图

2. 实行数量折扣的经济进货批量模型

企业在现实交易中，销货方为了鼓励购货方大量地购买货物，一般都会提供商业折扣。销货方对大批量购买货物的客户在价格上给予一定的优惠。在这种情况下，存货的单位采购价格 P 值的大小与进货批量 Q 有关，因而，随着存货的进货批量 Q 的变动，存货的单位采购价格 P 以及总采购价格也在发生变动。

【工作任务】

【任务 1】 ××公司每年需耗用甲材料 8 000 千克，该材料的单位采购成本 15 元，单位储存成本 5 元，平均每次进货费用为 50 元。试计算该企业经济进货批量、经济进货成本和进货次数。

【任务分析】

$$经济进货批量\ Q=400(千克)，经济进货总成本\ TC=2\,000(元)$$

$$进货次数\ N=8\,000\div 400=20(次)$$

【任务 2】 ××公司甲材料的年需要量为 8 000 千克，每千克标准进价为 15 元。销售企业规定：客户每批购买量不足 1 000 千克的，按照标准价格计算；每批购买量 1 000 千克以上，2 000 千克以下的，价格优惠 2%。计算经济进货批量。

【任务分析】 $A=8\,000$，$C=5$，$F=50$，$P=15$，$CD=2\%$

在没有数量折扣（即进货批量 1 000 千克以下）时的经济进货批量和存货成本总额：

经济进货批量 $Q=400$(千克)

存货成本总额 $TC_1=8\,000\times 15+8\,000/400\times 50+400/2\times 5=122\,000$(元)

企业欲得到数量折扣，至少进货 1 000 件。

此时 TC_2 = 储存成本 + 进货成本 + 采购成本

$=Q\div 2\times C+A\div Q\times F+A\times P(1-\mathrm{CD})$

$=1\,000\div 2\times 5+8\,000/1\,000\times 50+8\,000\times 15\times(1-2\%)$

$=120\,500$(元)

比较两种进货量下的总成本可知，应选择 1 000 千克为经济进货批量。

【任务 3】 ××公司甲材料年需要量为 64 000 千克，每次的进货费用为 30 元，单位储存成本为 4 元，单位缺货成本为 8 元。试计算其允许缺货的经济进货批量和平均缺货量。

【任务分析】 $Q=\sqrt{2\times 64\,000\times 30\div 4\times(4+8)\div 8}=1\,200$(千克)

$S=1\,200\times 4\div(4+8)=400$(千克)

【业务经验】

1. 与 Q 有关的总成本公式 TC = 储存成本 + 进货成本 + 采购成本，无论是在有数量折扣还是没有数量折扣时，都采用此公式。最佳经济进货批量是在比较两个 TC 后确定的。关键是求出两种情况下的 TC。

2. 有数量折扣的经济进货批量决策步骤：

(1) 在不考虑数量折扣的情况下，计算经济进货批量 Q_1，并计算包含采购成本在内的与 Q 有关的总成本 TC_1。

(2) 如果 Q_1 大于以可享受数量折扣的最低进货量 Q_2，则 Q_1 为经济进货批量；若 Q_1 小于 Q_2，则应当再计算与 Q_2 有关的总成本 TC_2，其中，TC_2 包括已扣除了数量折扣后的采购成本。

(3) 比较 TC_1 与 TC_2 并选择总成本较小的进货量 Q_1 或 Q_2 为经济进货批量。

【工作任务实施记录与评价】

1. 没有数量折扣时的经济进货批量和存货成本总额的计算

师傅指导记录	计算准确性评价	评价成绩
		年　月　日

2. 数量折扣时的进货成本总额的计算

师傅指导记录	计算准确性评价	评价成绩
		年　月　日

3. 确定最佳经济进货批量

师傅指导记录	确定经济进货批量质量评价	评价成绩
		年　月　日

4. 确定允许缺货时的经济进货批量

师傅指导记录	确定经济进货批量质量评价	评价成绩
		年　月　日

5. 学徒关键职业能力及职业品质、工匠精神评价

项目	A	B	C	D
工作态度				
吃苦耐劳				
团队协作				
沟通交流				
学习钻研				
认真负责				
诚实守信				

任务 23：收益分配政策的制定

在师傅引导带领下，学生掌握收益分配的内容，了解收益分配的政策类型，掌握不同收益分配政策对股东权益的影响。

【任务目标与质量要求】

1. 掌握收益分配的内容；
2. 了解收益分配的政策类型；
3. 掌握不同收益分配政策对股东权益的影响。

【学习产出目标】

1. 根据企业实际情况，选择适当的收益分配政策；
2. 正确计算不同收益分配政策对股东权益产生的影响。

【工作程序与方法要求】

● 选择收益分配政策	根据企业实际情况，选择适当的收益分配政策。	要求：分析企业实际情况，匹配对应的股利分配
● 计算收益分配政策对股东权益产生的影响	计算企业支付股利，即投资者应该分配的股利。	要求：计算准确

【业务知识】

1. 收益分配政策

股利分配政策是指企业管理层对与股利有关的事项所采取的方针策略。股利分配在公司制企业经营理财决策中，始终占有重要地位。这是因为股利的发放既关系到公司股东的经济利益，又关系到公司未来的发展。通常较高的股利一方面可使股东获取可观的投资收益，另一方面还会引起公司股票市价上涨，从而使股东除股利收入外还获得了资本利得。但是过高的股利又会使公司留存收益大量减少，从而影响公司未来发展，或者大量举债，增加公司资本成本负担，最终影响公司未来收益，进而降低股东权益。而较低的股利虽然使公司有较多的发展资金，但与公司股东的愿望相背离，股票市价可能下降，公司形象将会受到损害。因而对公司管理者而言，如何均衡股利发放与企业的未来发展，并使公司股票价格稳中有升，便成为企业经营管理层孜孜以求的目标。

2. 股利分配政策

支付给股东的盈余与留在企业的保留盈余，存在此消彼长的关系。所以，股利分配既决定给股东分配多少红利，也决定有多少净利在企业。减少股利分配，会增加保留盈余，减少外部筹资需求。股利决策也是内部筹资决策。

在进行股利分配的实务中，公司经常采用的股利政策如下：剩余股利政策、固定或持续增长的股利政策、固定股利支付率政策、低正常股利加额外股利政策。

【工作任务】

【任务 1】 ××公司某年提取了公积金后的税后净利润为 1 200 万元，第二年的投资计划所需资金 1 600 万元，公司的目标资本结构为权益资本占 60%、债务资本占 40%，那么，假定该公司当年流通在外的只有普通股 200 万股。按照剩余股利政策，应给投资者分配的股利是多少？

【任务分析】 公司投资方案所需的权益资本数额为：1 600×60%＝960(万元)

公司当年全部可用于分配股利的盈余为 1 200 万元，可以满足上述投资方案所需的权益资本数额并有剩余，剩余部分再作为股利发放。当年发放的股利额即为

1 200－960＝240(万元)

该公司当年流通在外的只有普通股 200 万股，那么每股股利即为

240÷200＝1.2(元)

【任务 2】 ××企业遵循剩余股利政策，其目标资本结构为债务资本比率为 60%。要求：（1）如果该年的税后利润为 30 万元，在没有增发新股的情况下，企业可以从事的最大投资支出是多少？（2）如果企业下一年拟投资 50 万元，企业将支付股利多少？（3）该企业当年流通在外的普通股只有 200 万股，如果采用每股 0.4 元分配股利的固定股利政策，此时企业给投资者应分配多少股利？（4）采用 10%的固定股利支付率政策，企业给投资者应分配多少股利？

【任务分析】

（1）企业最大的投资支出＝30÷(1－60%)＝75(万元)

（2）企业支付股利＝30－50×(1－60%)＝10(万元)

（3）企业支付股利＝200×0.4＝80(万元)

（4）企业支付股利＝30×10%＝3(万元)

【业务经验】

1. 收益分配政策的选择

剩余股利分配政策一般适用于企业初创阶段；固定支付率政策适用于稳定发展的企业和企业财务状况比较稳定的阶段；企业固定分配股利可使企业树立良好的市场形

象，有利于企业股票价格的稳定；低正常股利加额外股利政策适用于盈利经常波动的企业。

2. 采用剩余股利政策时遵循的步骤：

①设定目标资本结构，即确定权益资本与债务资本的比率，在此资本结构下，加权平均资本成本将达到最低水平；②确定目标资本结构下投资所需的股东权益数额；③最大限度地使用保留盈余来满足投资方案所需的权益资本数额；④投资方案所需权益资本已经满足后若有剩余盈余，再将其作为股利发放给股东。

【工作任务实施记录与评价】

1. 选择收益分配政策

师傅指导记录	收益分配政策选择质量评价	评价成绩
		年　月　日

2. 计算收益分配政策对股东权益产生的影响

师傅指导记录	计算准确性评价	评价成绩
		年　月　日

3. 学徒关键职业能力及职业品质、工匠精神评价

项目	A	B	C	D
工作态度				
吃苦耐劳				
团队协作				
沟通交流				
学习钻研				
认真负责				
诚实守信				

任务 24：收益分配的程序及方式

在师傅引导带领下，学生能够准确计算企业净收益，并按照收益分配和支付的程序进行收益分配和支付。

【任务目标与质量要求】

1. 准确计算公司净利润；
2. 按照收益分配程序进行收益分配；
3. 按照收益支付程序进行支付。

【学习产出目标】

1. 编写企业收益分配方案；
2. 编写股利发放公告书。

【工作程序与方法要求】

● 编写收益分配方案	将企业的净利润按照以下四个程序进行分配：(1) 弥补以前年度亏损；(2) 提取 10% 法定公积金；(3) 提取任意公积金；(4) 向投资者分配利润。	要求：分配程序正确，计算准确
● 编写股利发放公告书	股份有限公司向股东支付股利，其过程主要包括：股利宣告日、股权登记日、除息日和股利支付日。	要求：支付日期正确

【业务知识】

1. 公司收益分配程序

根据公司法的规定，企业的净利润应按下列顺序进行分配。

（1）弥补以前年度亏损。企业当年实现的净利润，首先应按照规定弥补以前年度发生的亏损。企业实现的净利润在以前年度亏损未弥补完之前，不得提取法定公积金。

(2) 提取10%法定公积金。经计算有本年累计盈利的，按本年净利润抵减年初累计亏损后的余额，计提10%比例的法定公积金，累计提取的公积金总额达到注册资本50%以后，可以不再提取。

(3) 提取任意公积金。企业提取法定公积金后，企业章程对提取任意公积金有规定的，按企业章程的规定提取任意公积金；企业章程没有规定的，可以根据股东（大）会决议的比例提取任意公积金。

(4) 向投资者分配利润。企业应当按照“同股同权、同股同利”的原则，向投资者分配利润。企业以前年度未分配的利润，可以并入本年度利润一并进行分配。企业需要拿出多大比例的净利润用于向投资者分配利润，除了要有足够的累计盈余外，还要考虑企业盈余的稳定性、投资机会、债务需要和举债能力等因素，尤其是发放现金股利（利润），需要重点考虑企业的现金流量状况。

2. 股份有限公司股利支付方式

股份公司支付股利的方式有多种，常见的有现金股利、财产股利、负债股利、股票股利。

3. 股利支付的程序

其过程主要包括：股利宣告日、股权登记日、除息日和股利支付日。

【工作任务】

【任务1】 某公司2010年年初未分配利润账户的贷方余额为74万元，2010年发生亏损200万元。2011—2015年间的每年税前利润为20万元，2016年税前利润为30万元，2017年税前利润为80万元。所得税税率为25%。盈余公积金计提比例为10%。要求：①计算2016年应交纳的所得税，是否计提盈余公积金？②2017年可供给投资者分配的利润为多少？

【任务分析】

①2016年年初未分配利润

＝74－200＋20×5＝－26(万元)(超过税法规定允许税前弥补亏损的5年，应用以后年度税后利润补亏)

2016年应交纳所得税＝30×25%＝7.5(万元)

本年税后利润＝30－7.5＝22.5(万元)

企业可供分配的利润＝22.5－26＝－3.5(万元)

因此，不能计提盈余公积金。

②2017年税后利润＝80×(1－25%)＝60(万元)

可供分配的利润＝60－3.5＝56.5(万元)

计提盈余公积金＝56.5×10%＝5.65(万元)

可供投资者分配的利润＝56.5－5.65＝50.85(万元)

【任务 2】 ××公司在发放股票股利前，股东权益情况见下表。试分析股利政策对股东权益的影响。

发放股票股利前的股东权益情况

普通股面值 2 元，已发行 400 000 股	800 000 元
资本公积	800 000 元
未分配利润	2 000 000 元
股东权益合计	3 600 000 元

【任务分析】 假定该公司宣布发放 10%的股票股利，即发放 40 000 股普通股股票，并规定现有股东每持 10 股可得 1 股新发放股票。若该股票当时市价为 20 元，随着股票股利的发放，需从“未分配利润”项目划转出的资金为 20×400 000×10%=800 000（元）。

由于股票面额（2 元）不变，发放 40 000 股，只应增加“普通股”项目 80 000 元，其余的 720 000 元（800 000−80 000）应作为股票溢价转至“资本公积”项目，而公司股东权益总额保持不变。发放股票股利后，公司股东权益各项目见下表。

发放股票股利后的股东权益情况

普通股面值 2 元，已发行 440 000 股	880 000 元
资本公积	1 520 000 元
未分配利润	1 200 000 元
股东权益合计	3 600 000 元

可见，发放股票股利，不会对公司股东权益总额产生影响，但会发生资金在各股东权益项目间的再分配。发放股票股利后，如果盈利总额不变，会由于普通股股数增加而引起每股收益和每股市价的下降；但又由于股东所持股份的比例不变，每位股东所持股票的市场价值总额仍保持不变。

【任务 3】 假定 C 公司 2015 年 11 月 15 日发布公告：“本公司董事会在 2015 年 11 月 15 日的会议上决定，本年度发放每股为 5 元的股利；本公司将于 2016 年 1 月 2 日将上述股利支付给已在 2015 年 12 月 15 日登记为本公司股东的人士。”

【任务分析】 2015 年 11 月 15 日为 C 公司的股利宣告日；2015 年 12 月 15 日为其股权登记日；2015 年 12 月 16 日为除息日；2016 年 1 月 2 日则为其股利支付日。

【业务经验】

公司回购股份在利润分配中如何处理?

根据《中华人民共和国公司法》的规定，公司回购本公司股份属于减少公司注册资本的，应当自收购之日起 10 日内注销；属于与持有本公司股份的其他公司合并或股东因对股东大会做出的公司合并、分立决议持异议两种情形的，应当在 6 个月内转让或者注销；属于将股份奖励给本公司职工的，回购的股份应当在 1 年内转让给职工。对于股份有限公司依法回购后暂未转让或者注销的股份，不具有投票权、收益分配权、优先认股权、资产清偿权以及相关义务，不得参与利润分配。

【工作任务实施记录与评价】

1. 收益分配方案的编写

师傅指导记录	收益分配方案的编写质量评价	评价成绩
		年 月 日

2. 股利发放公告书的编写

师傅指导记录	股利发放公告书的编写质量评价	评价成绩
		年 月 日

3. 学徒关键职业能力及职业品质、工匠精神评价

项目	A	B	C	D
工作态度				
吃苦耐劳				
团队协作				
沟通交流				
学习钻研				
认真负责				
诚实守信				

Appendix I

附录1

投资核算与分析学徒岗位标准和课程标准

Appendix I
Appendix I
Appendix I

投资核算与分析学徒岗位标准

试点专业名称	会计
学徒岗位名称	投资核算与分析
学徒岗位描述	投资核算与分析员岗位承担公司项目投资、证券投资、营运资金管理、收益分配核算等相关工作任务，包括制定筹资决策、判断投资方案的可行性、证券投资收益的核算、营运资金的核算与分析、收益分配的核算等具体工作。投资核算与分析员除具备相关专业知识和日常投资业务的处理能力外，还需具备诚实守信、团结协作的品质，爱岗敬业、诚实守信、廉洁自律的职业道德，以及良好的沟通协调能力，并具备一定的承受能力，能够自我调整情绪。
岗位现代化生产技术设备、规模资质、企业文化与质量管理、企业科技与人员水平	**岗位现代化生产技术设备水平**：具有先进的财务分析软件、投资分析软件。 **规模资质**：企业注册资本1 000万元以上，拥有多元化投资方向，有核心投资决策团队、投资与研究团队、全面风险管理团队、运营交易团队、产品及服务团队。 **企业文化与质量管理**：企业运用先进的经营理念，完善的管理体系，以企业健康发展为重任，引导资金规范运作，同时注重员工的人文关怀。 **企业科技与人员水平**：从事投资核算与分析的员工5人以上，企业师傅应具有本科以上学历或兼职教学经历，并有带徒指导的时间。
工作场所与使用工具	**工作场所**：企业投资理财部办公室、证券公司。 **使用工具**：投资分析软件。
安全生产制度要求	**企业安全生产制度要求**： 1. 保守商业秘密，保护好客户资料。 2. 出行安全、食宿安全。
职业守则、行为规范和安全生产规范	**职业守则**：诚实守信、求真务实、团结协作、廉洁自律、服务客户。 **行为规范**：着企业统一服装、衣着朴实；培训交流言语实在、言行一致；遵守企业规章制度，保护企业利益；保守商业秘密，保护好客户资料，不收取客户的贿赂。 **安全生产规范**：遵守企业规章制度、出行安全、食宿安全的有关规定。
要求从业资格	助理会计师及以上职称、证券从业资格证书。
基本专业知识要求	**专业知识**：(1) 证券投资 (2) 经济学 (3) 财经法规 (4) 财务管理 (5) 财务会计 (6) 纳税筹划 (7) 财务分析。 **法律知识**：(1) 经济法 (2) 会计准则 (3)《中华人民共和国证券法》(4) 税法

续表

试点专业名称	会计		
基本专业知识要求	**安全知识：**（1）安全使用财务分析软件（2）安全使用电子设备。 **企业经营管理知识：**（1）企业组织机构与管理流程（2）企业财务管理知识（3）企业文化（4）企业人力资源管理与员工职业生涯规划。		
学徒岗位工作任务（或项目）	工作过程与技术、质量要求	专业知识要求	技术技能及综合职业能力要求
1. 资金时间价值和风险的衡量（任务1～3）	首先，熟练运用资金的时间价值，掌握复利现值、终值的计算；掌握年金现值、终值在项目中的应用。 其次，衡量项目的风险。 最后，评估项目的风险报酬。	1. 资金时间价值与风险报酬的含义。 2. 资金时间价值的计算方法。 3. 风险价值的计量方法。	1. 能够准确评估资金的时间价值。 2. 准确区分年金的类型并计算现值、终值。 3. 评估项目的风险报酬。 4. 具备一丝不苟的工作态度。
2. 筹集资金（任务4～8）	首先，进行企业筹资的个别资金成本、综合资金成本的计算与分析。 其次，评价企业经营杠杆、财务杠杆和复合杠杆系数，判断风险。 最后，制定企业项目的筹资决策。	1. 权益资金和负债资金筹集的方法和优缺点。 2. 资金成本的概念和个别资金成本的计算及其综合资金成本的概念和计算方法。 3. 经营杠杆、财务杠杆和复合杠杆的内涵和计算。 4. 最佳资本结构的确定方法。	1. 与资金提供方进行有效沟通，明确各种筹资渠道的成本。 2. 按照公司要求对每种筹资方案进行核算。 3. 对每种方案进行风险衡量。 4. 确定筹资方案。
3. 项目投资（任务9～11）	首先，能够准确确认项目计算期、净现金流量和项目投资总额。 其次，熟练应用非折现评价法和折现评价法对投资项目进行评价分析。 最后，灵活运用项目投资决策的方法做出投资决策。	1. 项目建设期和经营期现金流量的计算。 2. 现金流量的计算。 3. 非折现评价法和折现评价法的主要指标计算。 4. 项目投资决策的方法。	1. 与项目投资方进行有效沟通，明确对方的需求和目的。 2. 按照公司要求对投资项目运用不同的评价方法进行评价。 3. 确定投资方案。 4. 制定投资决策。 5. 需要具备团队合作的意识。

续表

学徒岗位工作任务（或项目）	工作过程与技术、质量要求	专业知识要求	技术技能及综合职业能力要求
4. 证券投资（任务12～15）	准确计算股票价值和股票投资收益率，正确运用股票投资决策方法。 准确计算债券价值和债券投资收益率，正确运用债券投资决策方法。 准确计算基金价值及收益投资决策。	1. 证券投资的目的、特点与种类。 2. 股票投资的目的、收益计算。 3. 债券投资的目的、收益计算。 4. 基金投资的目的、投资收益的计算。	1. 与证券投资方进行有效沟通，明确对方的需求和目的。 2. 按照公司要求对不同种类的证券投资的收益进行计算。 3. 确认投资收益。 4. 具备守法意识，保守商业秘密。
5. 营运资金管理（任务16～22）	能够预测企业最佳现金持有量。根据企业应收账款现状制定合理的应收账款政策及信用政策，并进行账龄分析。 确定存货管理的成本，制定最优存货进货批量决策。	1. 现金的持有动机与现金管理成本的构成。 2. 最佳现金持有量的计算。 3. 应收账款管理成本及应收账款政策制定。 4. 存货管理成本的构成及存货经济批量决策。	1. 了解企业营运资金的现状。 2. 根据企业实际需求预测最佳现金持有量。 3. 与欠款方进行有效沟通，对应收账款进行账龄分析，并制定合理的信用政策。 4. 制定最优存货进货批量决策。 5. 具备良好的沟通能力。
6. 收益分配（任务23～24）	根据企业实际情况选择合适的利润分配方案，并依法进行利润分配。	1. 收益分配政策及其影响的因素。 2. 收益分配的程序。	1. 综合考虑股东权益、职工利益等因素制定合理的利润分配方案。 2. 依法进行利润分配。 3. 具备诚实守信、廉洁自律的职业道德。
职业品质与工匠精神，业内典型案例	**职业品质：**诚实守信、求真务实、团结协作、廉洁自律、服务客户。 **典型案例：**阿里巴巴创始人马云；有“股神”之称的巴菲特。		
职业生涯发展规划	**职业资格发展：**理财师、证券分析师、金融分析师、经济师。 **专业技术职务发展：**助理经济师、经济师、高级经济师。 **企业管理职务发展：**投资核算员、投资理财经理、副部长、部长等。		

投资核算与分析学徒岗位课程标准

<table>
<tr><td colspan="2">试点专业名称</td><td colspan="3">会计</td></tr>
<tr><td colspan="2">学徒岗位课程名称</td><td colspan="3">投资核算与分析</td></tr>
<tr><td colspan="2">学徒岗位课程描述</td><td>学生以学徒准技术员身份，在通过认证的企业师傅培训指导下，在企业投资核算与分析岗位上完成资金筹资决策制定、项目投资、证券投资、营运资金管理、收益分配等学徒岗位工作任务并完成学徒培养和岗位工作学习产出。</td><td>学徒工作学习周数</td><td>17 周</td></tr>
<tr><td colspan="2">课程教学目标与学习产出</td><td colspan="3">职业素质目标：
学徒企业和企业师傅对学徒学生职业守则行为规范、职业品质素养、工匠精神等日常表现认为达到企业员工要求，评价达到良好。
专业知识目标：
通过学徒岗位培养能够掌握货币时间价值的计算；明确资金筹集的渠道和方式，预测企业资金的需要量；准确计算项目投资计算期和现金流量；掌握静态和动态投资决策项目评价指标的计算及分析，进行投资方案的选择；准确计算股票、债券、基金投资收益的核算；合理进行现金、应收账款、存货等营运资金的管理；收益分配的程序及方式。
职业能力目标：(技术技能和岗位从业能力)
1. 熟练计算项目资金的时间价值及风险报酬率。
2. 能够预测企业资金需要量，判断企业选择何种筹集方式。
3. 掌握静态和动态项目投资决策方法；运用单一和多个互斥方案的比较决策方法制定投资决策。
4. 正确计算股票估价、债券价值、基金投资的估价及投资收益率，运用股票、债券、基金的投资决策方法。
5. 能够进行现金的成本分析并确定最佳现金持有量，分析应收账款的成本并制定信用政策。
6. 识别不同企业收益分配的影响因素，进行不同股利分配方式的计算；准确选择利润分配方案并规范地进行利润分配。</td></tr>
<tr><td>学徒岗位认证条件</td><td>学徒岗位技术、设备、规模资质，质量管理等保障条件</td><td colspan="3">岗位现代化生产技术设备水平：
具有先进的财务分析软件、投资分析软件
规模资质：
企业注册资本 1 000 万元以上，拥有多元化投资方向，有核心投资决策团队、投资与研究团队、全面风险管理团队、运营交易团队、产品及服务团队。
企业文化与质量管理：
企业运用先进的经营理念，完善的管理体系，以企业健康发展为重任，引导规范资金运作，同时注重员工的人文关怀。
企业科技与人员水平：
从事投资核算与分析的员工 5 人以上，并具有本科以上学历或兼职教学经历，并有带徒指导的时间。</td></tr>
</table>

续表

<table>
<tr><td colspan="2">试点专业名称</td><td colspan="4">会计</td></tr>
<tr><td rowspan="3">学徒岗位认证条件</td><td>学徒岗位课程实施工作场所与使用工具</td><td colspan="4">**工作场所：**企业投资理财部办公室、证券公司
使用工具：投资分析软件</td></tr>
<tr><td>学徒岗位课程实施岗位职业安全与规章制度</td><td colspan="4">**企业安全生产制度要求：**
1. 保守商业秘密，保护好客户资料。
2. 出行安全、食宿安全。</td></tr>
<tr><td>行业企业工作学习职业行为规范</td><td colspan="4">**职业守则：**诚实守信、求真务实、团结协作、廉洁自律、服务客户。
行为规范：着企业统一服装、衣着朴实；培训交流言语实在、言行一致；遵守企业规章制度，保护企业利益；保守商业秘密，保护好客户资料，不收取客户的贿赂。
安全生产规范：遵守企业规章制度、出行安全、食宿安全的有关规定。</td></tr>
<tr><td colspan="2">企业师傅认证与配置要求</td><td colspan="4">**企业师傅认证条件：**
1. 本科学历、中级职称或投资部经理；
2. 独立开展投资核算工作5年以上；
3. 具有培训、兼职教学经历。
企业师傅配置要求：
1. 企业师傅需经专业学徒制委员会按“专业学徒师傅标准”认证；
2. 企业师傅与学生按1∶1或1∶2的比例配置。</td></tr>
<tr><td colspan="2">可考取的职业资格证书、行业或企业证书</td><td colspan="4">理财师、证券分析师、金融分析师、经济师。</td></tr>
<tr><td colspan="2">学徒岗位课程培训与工作任务（或项目）</td><td>培训与工作学习内容</td><td>培训、工作学习组织</td><td>学习产出目标</td><td>工作学习时间（周）</td></tr>
<tr><td colspan="2">企业岗前培训</td><td>企业文化管理、企业组织架构、财务管理、人力资源管理、技术业务培训、业务范围等。</td><td>1. 由企业各部门主管按照新员工进行轮训。
2. 在企业师傅指导下制订学徒期间的工作计划、学习计划和专题研修计划。</td><td>1. 明确企业对投资核算与分析岗位员工的行为规范要求，自身职业生涯发展。
2. 明确企业业务范围、工作流程、财务流程等。
3. 制订学徒制期间的工作计划、学习计划和专题研修计划。</td><td>1</td></tr>
</table>

续表

学徒岗位课程培训与工作任务（或项目）	培训与工作学习内容	培训、工作学习组织	学习产出目标	工作学习时间（周）
1. 资金时间价值和风险的衡量	在师傅的带领指导下，熟练运用资金的时间价值，掌握复利现值、终值的计算；掌握年金现值、终值在项目中的应用。	1. 在工作之前由企业师傅培训指导和安排本阶段的业务工作。 2. 师傅介绍资金时间价值与风险报酬的含义。 3. 介绍资金时间价值的计算方法。 4. 介绍风险价值的计量方法。	1. 能够准确评估资金的时间价值。 2. 准确区分年金的类型并计算现值、终值。3. 评估项目的风险报酬。	2
2. 筹集资金	在师傅的带领指导下，进行企业筹资的个别资金成本、综合资金成本的计算与分析。准确评价企业经营杠杆、财务杠杆和复合杠杆系数，判断风险。制定企业项目的筹资决策。	1. 由企业师傅培训指导和安排本阶段的业务工作。 2. 师傅介绍权益资金和负债资金筹集的方法和优缺点。 3. 介绍个别资金成本的计算及综合资金成本计算方法。 4. 介绍经营杠杆、财务杠杆和复合杠杆的内涵和计算。 5. 最佳资本结构的确定方法。	1. 与资金提供方进行有效沟通，明确各种筹资渠道的成本。 2. 按照公司要求对每种筹资方案进行核算。 3. 准确对每种方案进行风险衡量。	3
3. 项目投资	在师傅的带领指导下，能够准确确认项目计算期、净现金流量和项目投资总额。熟练应用非折现评价法和折现评价法对投资项目进行评价分析。灵活运用项目投资决策的方法做出投资决策。	1. 由企业师傅培训指导和安排本阶段的业务工作。 2. 师傅介绍项目建设期和经营期现金流量的计算。 3. 介绍现金流量的计算。 4. 介绍非折现评价法和折旧评价法的主要指标计算。 5. 介绍项目投资决策的方法。	1. 与项目投资方进行有效沟通，明确对方的需求和目的。 2. 按照公司要求对投资项目运用不同的评价方法进行评价。 3. 确定投资方案。 4. 制定投资决策。	3

续表

学徒岗位课程培训与工作任务（或项目）	培训与工作学习内容	培训、工作学习组织	学习产出目标	工作学习时间（周）
4. 证券投资	在师傅的带领指导下，准确计算股票价值和股票投资收益率，正确运用股票投资决策方法。准确计算债券价值和债券投资收益率，正确运用债券投资决策方法。准确计算基金价值及收益投资决策。	1. 由企业师傅培训指导和安排本阶段的业务工作。 2. 师傅介绍证券投资的目的、特点与种类，并与证券公司工作人员交流沟通。 3. 介绍股票投资的目的、收益计算。 4. 介绍债券投资的目的、收益计算。 5. 介绍基金投资的目的、投资收益的计算。	1. 与证券投资方进行有效沟通，明确对方的需求和目的。 2. 按照公司要求对不同种类的证券投资的收益进行计算。 3. 确认投资收益。	3
5. 营运资金管理	在师傅的带领指导下，能够预测企业最佳现金持有量。根据企业应收账款现状制定合理的应收账款政策及信用政策，并进行账龄分析。确定存货管理的成本，制定最优存货进货批量决策。	1. 由企业师傅培训指导和安排本阶段的业务工作。 2. 企业师傅介绍现金的持有动机与现金管理成本的构成。 3. 介绍企业最佳现金持有量的计算。 4. 介绍企业应收账款管理成本及应收账款政策制定。 5. 介绍企业存货管理成本的构成及存货经济批量决策。	1. 根据企业实际需求预测最佳现金持有量。 2. 与欠款方进行有效沟通，对应收账款进行账龄分析，并制定合理的信用政策。 3. 制定最优存货进货批量决策。	2
6. 收益分配	在师傅的带领指导下，能够根据企业实际情况选择合适的利润分配方案，并依法进行利润分配。	1. 由企业师傅培训指导和安排本阶段的业务工作。 2. 企业师傅介绍收益分配政策及其影响的因素。 3. 企业师傅介绍收益分配的程序。	1. 综合考虑股东权益、职工利益等因素制定合理的利润分配方案。 2. 依法进行利润分配。	2
学徒培养总结	企业师傅指导学徒系统总结学徒期间三项计划的完成情况，形成学徒总结。专题研修报告具有一定的技术含量。	总结、指导、审阅修改总结报告和研修报告。	1. 学徒培养总结报告。 2. 学徒岗位工作总结报告。 3. 学徒培养学习成果报告。 4. 专题研修技术报告或论文。	1

续表

<table>
<tr><th>学徒岗位课程培训与工作任务（或项目）</th><th>培训与工作学习内容</th><th>培训、工作学习组织</th><th>学习产出目标</th><th>工作学习时间（周）</th></tr>
<tr><td>职业品质与工匠精神培养</td><td colspan="4">学徒按照准员工身份，在企业师傅言传身教，人格等的潜移默化影响下，在通过企业管理、绩效考核、调查研究、分析总结农民组织与沟通等业务工作开展中，不断磨练学生职业品质和素养，规范职业行为，逐步形成工匠精神，培养出良好的职业素养。</td></tr>
<tr><td>工作学习资源</td><td colspan="4">职业教育会计专业教学资源库：https：//www. icve. com. cn/portalproject/themes/default/pyo1acen27lfn5rlwz2n-w/sta _ page/index. html？ projectId＝pyo1acen27lfn5rlwz2n-w
职业教育金融专业教学资源库：https：//www. icve. com. cn/portalproject/themes/default/-5kpadinpy5jm6-gbyz3ew/sta _ page/index. html？ projectId＝-5kpadinpy5jm6-gbyz3ew</td></tr>
<tr><td>学徒学业考核评价方案</td><td colspan="4">按照学院学徒制试点改革方案，学徒学业评价给予企业学徒岗位工作情景，充分体现社会化学习成果和岗位工作成果，注重关键职业能力和技术技能掌握运用。
学徒评价考核表
学校：________班级：________专业：________日期：________
<table>
<tr><td>学徒单位</td><td colspan="2"></td><td>学徒岗位</td><td></td></tr>
<tr><td>企业师傅</td><td colspan="2"></td><td>学徒姓名</td><td></td></tr>
<tr><td>学徒时间</td><td colspan="4">______年____月______日至______年______月____</td></tr>
<tr><td rowspan="5">学徒岗位表现（60%）</td><td>（1）职业素养</td><td colspan="3">□优　□良　□一般　□较差</td></tr>
<tr><td>（2）工作态度</td><td colspan="3">□优　□良　□一般　□较差</td></tr>
<tr><td>（3）出勤率</td><td colspan="3">□优　□良　□一般　□较差</td></tr>
<tr><td>（4）行为规范</td><td colspan="3">□优　□良　□一般　□较差</td></tr>
<tr><td>（5）工匠精神</td><td colspan="3">□优　□良　□一般　□较差</td></tr>
<tr><td rowspan="4">专业技能（40%）</td><td>（1）考核内容</td><td colspan="3"></td></tr>
<tr><td>（2）考核成绩</td><td colspan="3"></td></tr>
<tr><td>（3）技能等级</td><td colspan="3"></td></tr>
<tr><td colspan="4">企业师傅签名：　　日期：</td></tr>
<tr><td rowspan="3">综合得分</td><td>（1）得分</td><td colspan="3"></td></tr>
<tr><td>（2）实习等级</td><td colspan="3">□优 □良 □中等 □及格 □不及格</td></tr>
<tr><td colspan="4">企业师傅签名：　　日期：</td></tr>
</table>
</td></tr>
</table>

学徒评价考核办法

为确保学生在轮岗实习期间切实掌握工作岗位所需要的专业技能，推动职业教育内涵发展，提高职业教育人才培养质量和水平，特制定本办法。

1. 考核内容

考核内容主要分为三部分。第一部分为企业岗位考核；第二部分为企业师傅观察性考核；第三部分为学徒岗位完成工作任务量化技术技能操作运用能力考核。

2. 考核程序

在完成每个岗位的实习任务后，填写《学徒评价考核表》（见附表）。第一步，按企业员工同等要求的月考核结果；第二步，企业师傅在以师带徒的过程中对学徒的态度、行为规范、职业品质、工匠精神和专业知识掌握应用观察性考核；第三步，学徒岗位完成工作任务量化技术技能操作运用能力考核；第四步，给出该岗位的实习成绩。

3. 成绩评定

学徒在每个岗位的理论考试成绩必须在70分及以上，专业技能考核成绩必须在70分及以上（技能等级在初级及以上），综合得分在70分及以上，方为考核合格。有下列情况之一者，顶岗实习成绩为不及格：

（1）未经批准，擅自改变实习岗位的；

（2）未经批准，在校外实习擅自离岗的；

（3）实习期间表现差的；

（4）实习在岗时间未达到规定学时的2/3的；

（5）实习单位鉴定为实习成绩不及格的。

4. 考核结果处理

（1）考核不及格者，延长顶岗实习时间，需重新考核达到及格。

（2）考核分优秀、良好、中等、及格、不及格五个等级。90分及以上为优秀，80～89分为良好，70～79分为中等，60～69分为及格。

附录2

学徒与师傅遴选标准

Appendix II

Appendix II
Appendix II
Appendix II

企业师傅聘任标准

为深化落实推动教育部《关于委托开展职业教育现代学徒制理论研究与实践探索工作的通知》(教职成司函〔2013〕250号),以企业用人需求与岗位资格标准为服务目标,丰富中国特色职业教育体系内涵,并使会计专业的现代学徒制改革顺利开展并取得实效,确保企业师资水平能够满足本专业现代学徒制教学的需要,特制定本标准。

一、聘任对象

企业从事投资核算与分析工作5年以上,并具有本科以上学历或兼职教学经历,并有带徒指导的时间。

二、聘任条件

(一)热爱会计事业,对培养学徒有充分热情,具有良好的政治思想素质和职业道德。

(二)具备丰富的处理问题能力,善于沟通和表达,掌握并灵活运用行业知识进行技能的传授和讲解能力。

(三)工作成绩突出,善于"传、帮、带",近5年在企业生产工作中,没有违纪、违章、违规行为。

(四)取得行业相关资格证书,在行业内具有一定的业绩成果。

(五)接受过专门的职业教育或系统的专业技能培训。

(六)有制定、实施培训方案的能力,具备良好的语言表达能力和沟通交流能力。

(七)身体健康,心理健康,能坚持正常工作,男性60岁以下,女性50岁以下。

三、评聘程序

由企业根据评选条件,结合实际情况采取笔试、技能操作等方式进行评选。

获得推选的师傅需填写《企业师傅申报认定表》,单位盖章后,由单位和合作院校共同审核。

经评审通过的师傅,发放聘书,聘期为3年。聘书加盖学院和师傅所在企业公章。

四、奖励办法

对于师傅带徒弟期间表现优秀的人员给予精神奖励,由单位和学院统一发文表彰,发给获奖证书。

将优秀师傅的评选获奖情况计入个人档案,作为晋职晋级的考核依据之一。

附件:《企业师傅申报认定表》

企业师傅申报认定表

<table>
<tr><td>姓名</td><td colspan="2"></td><td colspan="2">性别</td><td></td><td colspan="2">年龄</td><td colspan="2"></td><td colspan="2" rowspan="3">照片</td></tr>
<tr><td colspan="2">工作单位</td><td colspan="4"></td><td colspan="2">技术职务资格</td><td colspan="2"></td></tr>
<tr><td colspan="2">通讯地址</td><td colspan="6"></td><td>邮政编码</td><td></td></tr>
<tr><td colspan="2">邮箱</td><td colspan="4"></td><td colspan="4">最高学历、学位</td><td colspan="2"></td></tr>
<tr><td colspan="2">专业技术职称</td><td colspan="4"></td><td colspan="4">毕业学校及时间</td><td colspan="2"></td></tr>
<tr><td colspan="2">技术、专业特长</td><td colspan="4"></td><td colspan="4">现从事技术岗位</td><td colspan="2"></td></tr>
<tr><td colspan="2">拟担师傅岗位</td><td colspan="2">岗位一</td><td colspan="2"></td><td>岗位二</td><td colspan="2"></td><td colspan="2">岗位三</td><td></td></tr>
<tr><td colspan="2">岗位工作经历</td><td colspan="10"></td></tr>
<tr><td colspan="2">传授技能及
工作业绩</td><td colspan="10"></td></tr>
<tr><td colspan="2">学习培训情况</td><td colspan="10"></td></tr>
<tr><td colspan="2">所在单位
推荐意见</td><td colspan="10">盖章
年　月　日</td></tr>
<tr><td colspan="2">合作院系意见</td><td colspan="10">主任签字（单位代章）：</td></tr>
</table>

企业学徒选拔标准

一、学徒选拔的基本原则

坚持“公平、公正、公开”的原则，做到选拔条件与考核内容公开、选拔经过公开、选拔结果公开，选拔优秀学徒入厂实践。

二、选拔对象、 条件及人数

（一） 选拔对象

新疆农业职业技术学院会计大二第二学期全体学生。

（二）选拔条件

1. 思想端正，有良好的道德品质和文明的行为习惯；

2. 身体健康，热爱投资核算工作，具有团队合作意识；

3. 专业课程成绩优秀，文化课程学习成绩较好；

5. 有责任感和奉献精神，品行端正；

6. 自愿参加企业现代学徒制培训。

（三）选拔人数

根据合作企业的选拔学徒的人数确定。

三、选拔程序

个人提出书面申请——经济贸易学院根据学生情况进行推荐——用人单位综合考核，确定人选——由企业、学院、学生（未成年人由家长代理）等三方共同签订学徒协议。

四、学徒选拔考核技术标准

（一）考核命题标准

学徒选拔考核以会计从业资格国家职业标准的工作要求为基础，适当增加新知识、新技能等相关内容，以实际操作的形式进行考核。试题由学徒选拔本企业组织有关专家统一命制。

（二）考核场地环境设计

采取有效措施确保考核环境安静，设置有考评专家进入现场巡视的专门通道，以不影响考核选手答题为标准。

（三）场地配置要求

会计与审计专业考核需配置：会计与审计实训室，内设工作台（每个学徒面积在 2.5 m^2～3.5 m^2 之间）、有照明设备、装有用友财务软件的电脑等材料。

（四）成绩评定

由合作企业组成的专家组对学生进行评分。通过对参选学徒现场操作根据评分标准进行评定，并加入专家面试环节，以此来认定学徒的真实业务水平和今后的发展潜力。

学徒实习管理制度

一、上班制度

1. 学徒必须严格遵守实习单位的有关规章制度，进出单位必须出示有关证件，上班不迟到，不早退，按时进入指定的工作岗位，下班须办好交接手续，经师傅允许后，方可离开。

2. 学徒不准擅自离开实习岗位，有事离岗需经组长或师傅批准，返回岗位向组长或师傅报告，同意后方可上岗。

3. 学徒必须听从带教师傅指导，严格遵守企业工作规程。

4. 爱护办公设备，做好实习场地的清洁卫生工作。

5. 在工作场所内，不准嬉闹、奔跑和大声叫喊，上班不准串岗、打瞌睡、干私活、看小说等，不准参加非企业组织的其他活动。

6. 尊重实习单位领导、带教师傅和其他工作人员，听从安排、服从分配，安心本职工作，做到谦虚谨慎、勤学好问、刻苦钻研、学以致用、精益求精，争取尽快达到顶岗实习的合格要求。

7. 严格遵守实习单位的保密制度，不得将技术或商业情报向外泄露，维护实习单位利益。

二、考勤制度

1. 学徒在轮岗实习期间实行双重考勤，即所在实习单位带教师傅日常考勤，学校指导教师不定时抽查考勤。

2. 学徒必须按时参加在实习单位规定的上班、培训或其他活动，因故不能参加者，必须履行请假手续，否则按旷工处理。

3. 学徒原则上不允许请事假，如遇特殊情况，必须按照有关规定办理相关请假手续。

4. 学徒请病、事假，应经实习单位领导同意，请假三天以上者必须经学校审核。否则，按旷工和学校规章制度处理。

三、其他规定

1. 学徒必须遵纪守法，遵守社会公德，互帮互助，自尊自爱，自觉接受实习单位、学校的双重教育和管理。

2. 学生进入学徒期须本人申请、家长同意，签订有关协议。

3. 学徒必须遵守学校对实习生的管理规定和安排，按时参加学校组织的活动，认真记载实习日志，经常向学校指导老师、家长汇报实习情况。

4. 学徒未经允许不能擅自离开实习单位，确有特殊原因，必须事先办理离岗手续并征得实习单位的同意和学校的批准。

5. 学徒对实习单位的安排和处理确有意见，应及时与学校指导老师联系并报告，由学校依据事实与单位负责协商。学徒不得直接与实习单位发生冲突。

6. 学徒必须参加轮岗实习考核和技能鉴定，做好实习总结，经实习单位签署意见后交给学校。

7. 轮岗实习结束，学校组织优秀学徒评比工作，对优秀学徒进行表彰奖励。对考核不合格的学徒，须延长轮岗实习时间，直至考核合格，方可转为准员工，进行准员工实习。

8. 学徒必须注意自身的学生形象，穿着朴素大方，举止文明，不得自行在外联系住宿，严禁吸毒、吸烟、喝酒、赌博、打架斗殴，不看不健康的书刊、音像，不进入“三室一厅”。

参考文献

[1] 高国徽．价值投资的赢利法则．北京：清华大学出版社，2020.
[2] 胡瑞．24天理财精品课．北京：中国铁道出版社，2020.
[3] 陈嘉禾．好投资与坏投资．北京：中国人民大学出版社，2020.
[4] 姚禄仕．证券投资理论与实务．北京：科学出版社，2020.
[5] 杨金．极简投资法．北京：人民邮电出版社，2020.
[6] 银行业专业人员职业资格考试应试指导编写组．个人理财．北京：财富出版社，2019.
[7] 刘星．金牌理财．广州：广东人民出版社，2019.
[8] 董皓．智能时代财务管理．北京：电子工业出版社，2018.
[9] 墨知行．投资理财从入门到精通．北京：中国商业出版社，2017.
[10] 汤谷良，韩慧博，祝继高．财务管理案例．北京：北京大学出版社，2017.